油公司业财深度融合赋能 价值管理的模式构建与实施

姜涛　著

中国石油大学出版社
CHINA UNIVERSITY OF PETROLEUM PRESS

山东·青岛

图书在版编目(CIP)数据

油公司业财深度融合赋能价值管理的模式构建与实施 /
姜涛著 . -- 青岛:中国石油大学出版社,2025. 3
ISBN 978-7-5636-8581-3

Ⅰ. F407. 226. 72

中国国家版本馆 CIP 数据核字第 20253RK874 号

书　　　名：油公司业财深度融合赋能价值管理的模式构建与实施

YOUGONGSI YECAI SHENDU RONGHE FUNENG JIAZHI GUANLI DE MOSHI GOUJIAN YU SHISHI

著　　　者：姜　涛

责任编辑：隋　芳(电话　0532-86983568)
责任校对：张晓帆(电话　0532-86983567)
封面设计：王凌波

出 版 者：中国石油大学出版社
　　　　　(地址:山东省青岛市黄岛区长江西路 66 号　邮编:266580)
网　　　址：http://cbs. upc. edu. cn
电子邮箱：shiyoujiaoyu@126. com
排 版 者：青岛友一广告传媒有限公司
印 刷 者：泰安市成辉印刷有限公司
发 行 者：中国石油大学出版社(电话　0532-86983440)
开　　　本：710 mm × 1 000 mm　1/16
印　　　张：12. 75
字　　　数：160 千字
版 印 次：2025 年 3 月第 1 版　2025 年 3 月第 1 次印刷
书　　　号：ISBN 978-7-5636-8581-3
定　　　价：58. 00 元

在全球化与能源转型的浪潮中，石油行业作为传统能源领域的支柱，正面临着前所未有的变革与挑战。国内油公司如何在保障国家能源安全的同时实现自身的可持续发展与价值最大化，成为行业内外关注的焦点。

《油公司业财深度融合赋能价值管理的模式构建与实施》一书的出版恰逢其时，为我们提供了全新的视角和深刻的洞见，不仅是对当前油公司财务管理困境的一次深刻剖析，更是对未来财务转型与价值创造路径的一次积极探索。本书基于业财融合（即业务与财务的有机融合）与价值管理的先进理论，创新性地构建了油公司业财深度融合赋能价值管理的模式。这一模式以价值最大化为导向，通过"价值分析—价值规划—价值创造—价值分配"的流程化管理，将公司业务与财务深度融合，打造了从战略到执行、从决策到绩效的全方位、全链条的价值创造体系。此外，本书还强调了组织保障与技术支持的重要性，提出了通过专业知识融合、工作岗位融合、流程规范融合、组织边界融合等多维度的融合措施，以及搭建业财一体化系统，实现信息共享与数据融合，为业财深度融合与价值管理的有效实施奠定坚实基础。

尤为令人瞩目的是，本书不只是停留在理论层面的探讨上，还将业财融合的理念深入油气开发的具体业务场景中，提出了一系列具有可操作性的策略与措施。无论是战略财务层面的资源配置优化，还是经营财务层面的日常生产经营活动，抑或是管理财务层面的绩效评价与价值分配，都体现了作者对油公司实际问题的深刻理解和独到见解。

业财融合这一理念并非新生事物，但在油公司这一特定领域内的深入探索与实践却显得尤为重要且紧迫。本书以其独特的视角、系统的理论与实用的策略，为油公司在新时代的财务管理转型与价值创造之路点亮了一盏明灯。我们相信，这不仅是对油公司财务管理转型的一次深刻探索，更是对传统能源行业未来发展路径的一次有益尝试。

在此，衷心希望本书的出版能够引起业界内外的广泛关注与深入讨论，为推动油公司乃至整个能源行业的财务转型升级贡献智慧和力量。同时，也期待更多的学者和专家加入这一领域的研究中来，共同探索油公司更加科学、高效、可持续的价值管理之道。

赵振智

2025.2

前言

PREFACE

　　石油是一种不可再生的重要矿产资源,是关系国家安全的重要战略能源。2021年10月21日,习近平总书记考察调研胜利油田时强调:"石油能源建设对我国意义重大,中国作为制造业大国,要发展实体经济,能源的饭碗必须端在自己手里。"随着经济的快速发展与能源需求的不断增加,我国石油对外依存度不断上升,能源安全面临着严峻的挑战。面对当前油气资源勘探开发难度大、成本增加等问题,油公司必须提高可利用资源经营效率和管理质量,加快财务转型,以价值创造为引领,聚焦高效勘探、效益开发,推行价值管理体系建设。

　　公司业务和财务紧密结合是价值创造型财务的核心,因此在油公司价值管理体系建设与实施过程中,业财深度融合是关键。本书基于业财融合与价值管理的相关理论,进行了油公司业财深度融合赋能价值管理的模式构建。该模式即以油公司价值最大化为目标,遵循"价值分析—价值规划—价值创造—价值分配"的价值管理流程,通过分析与梳理各个价值流程的业务活动,明确业财融合节点,以战略财务、经营财务、管理财务三个维度的业财深度融合为抓手,以业务和财务部门的组织融合为保障,以财务经营一体化平台系统为支撑,结合股份制油公司特点形成的新型业财融合模式。其中,业财深度融合赋能价值分析环节的实施策略,即通过业财融合开展

1

油公司战略价值链分析与战略成本动因分析，以揭示勘探、开发、生产、运销的价值驱动因素；业财深度融合赋能价值规划环节的实施策略，即推行战略财务，构建支持业务发展、促进价值增值的资源分配机制，包括业财融合赋能内部市场建设、全面预算管理、产本效协同配产、投资成本一体化管理；业财深度融合赋能价值创造环节的实施策略，即推行基于价值创造的经营财务，以支持决策、创造价值为目标，强调日常生产经营活动的治理与执行，包括资产资金运营管理、定期经济活动分析和风险防控管理三大内容；业财深度融合赋能价值分配环节的实施策略，即推行基于价值分配的管理财务，以绩效评价作为价值分配环节业财深度融合的抓手，突出价值引领和效益导向。

为了确保油公司业财深度融合赋能价值管理的有效实施，一方面，油公司需要采取专业知识融合、工作岗位融合、流程规范融合与组织边界融合等多方位措施促进业财深度融合，为其提供实施主体保障；另一方面，油公司需要搭建业财一体化系统，融合非财务指标和非结构化数据，实现数据层、平台层与应用层的信息共享，消除财务信息孤岛，为深化业财融合、强化价值管理提供坚实的基础。

本书力图从以下三个方面实现创新：一是以价值管理流程为导向，通过业财融合实现油公司财务管理向价值引领转型，为油公司价值管理提供了新的工具和视角；二是将业财融合拓展到油气开发价值创造业务场景中，为业财融合理论提供了更为丰富和具体的应用场景，提升了理论的深度和广度；三是以战略财务、经营财务、管理财务三个维度为切入点，推进业财深度融合，为业财融合理论的发展提供了新的思路和方法。

2025.2

目 录
CONTENTS

第1章

绪 论

1.1 油公司业财深度融合模式探索的战略背景

1.1.1 宏观层面战略背景

1）中国石油消费需求及其趋势展望

近年来，中国一直是全球石油第二大消费国，市场处于供不应求的状态。自2011年以来，中国石油消费需求总体保持增长趋势。"十三五"期间，受第二产业表现超预期、石油储备生产库存增加等因素影响，中国石油消费量由5.57亿吨增长至2020年的6.75亿吨，年均增长4%。尽管2019年底新冠疫情的暴发给全球石油消费需求带来了冲击，但由于国内对疫情的有效控制，国内石油消费依然保持增长。

中国经济持续发展，对石油的需求日益增长，很多行业在2019年之前石油消费总量呈现上升趋势。由图1-1可以看出，石油消费的主体是工业和交通运输业，而从2012年起，由于汽车、物流、快递行业的快速发展，汽车保有量有了较大幅度的提升，交通运输业的石油消费量超过了工业。到2019年，受新冠疫情影响，各地区进行静默管理,给快递、物流和其他交通运输行业带来了极大的影响,使得 2019—2020 年交通运输业的石油消费总量下降,逐渐低于工业。时至今日,中国经济逐渐从疫情中复苏,步入平稳发展阶段,随着"双碳"(碳达峰、碳中和)政策的不断落实,中国石油消费将逐步达峰。

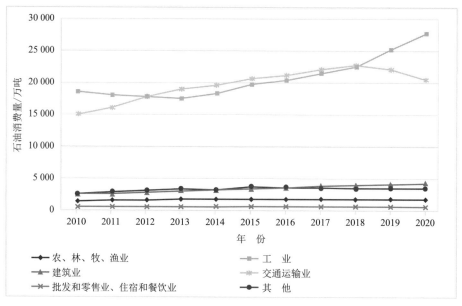

图 1-1　中国按行业分类的石油消费量

2)中国石油资源生产与进口现状

图 1-2 显示了 2011—2021 年中国石油生产和消费的发展情况。从图中可以看到,近年来,国内石油生产量的增长速度低于消费量;2014 年以来,石油生产量呈现先升后降的趋势,但总体保持稳定,约 2 亿吨。从 2003 年开始,中国石油消费量就远超生产量,石油对外依存度不断上升,供求关系日趋紧张,能源安全面临严峻的挑战。

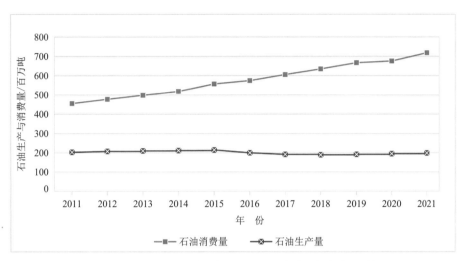

图 1-2　2011—2021 年中国石油生产与消费发展情况

　　自然资源部公布的石油探明储量及增速数据如图 1-3 所示。在 2009—2018 年间,中国已探明的石油储量总体上呈现增长趋势,但自 2011 年以来,增速出现了显著下降,并且在随后的几年里一直保持低位。而英国石油公司(BP)发布的《BP 世界能源展望》显示,2020 年中国的石油储量在全球排名仅列第八。

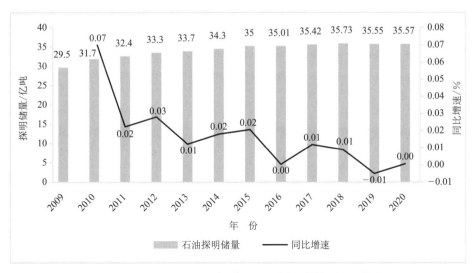

图 1-3　2009—2020 年中国石油探明储量及增速

图 1-4 展示了国家统计局公布的数据。不难发现,在 2012—2020 年间,中国的石油产量呈现波动性变化,尽管 2016 年大规模的减产导致国内石油产量大幅下降,但是在接下来的数年中石油产量稳定在 1.9 亿吨左右。

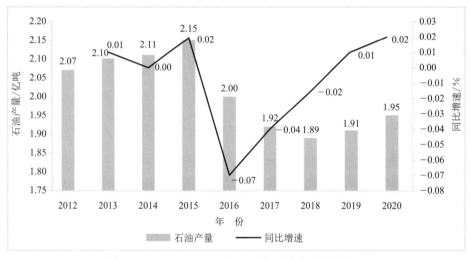

图 1-4　2012—2020 年中国石油产量及增速

自 1993 年开始,基于国内强大的人口基数、市场消费以及工业制造能力,石油消费量逐渐高于石油生产量,中国石油开始逐渐依赖于进口。从图 1-5 可以看到,除了在一些年度进口量略有降低,中国石油进口量一直处于快速上升的态势,2006 年之后进口量超过 400 万桶/天,2019 年甚至达到 2006 年的 3 倍之多。可以说,中国石油需求的增长一定程度上推动了全球石油需求的增长。中国石油需求的增长率每年都在 10% 左右,但 2021 年石油进口出现了负增长的情况,这是由于在"双碳"背景下,中国政府已经开始加强对进口石油的严格管制,同时也在调整中国的能源进出口结构。

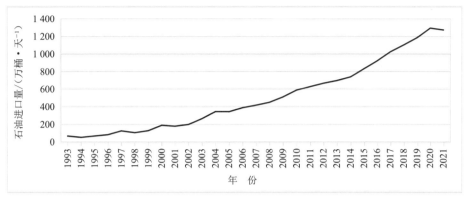

图 1-5　1993—2021 年中国石油进口量

3）难动用储量石油资源占比

由上文的分析可知,自 1993 年开始中国转变为石油净进口国,到 2018 年石油进口量占总消费量的比例高达 70%。随着对石油进口的依赖程度不断上升,供需矛盾不断加剧,国家的能源安全面临着越来越大的威胁。

根据 2018 年全国储量普查的结果,中国累计探明石油地质储量 198 亿吨,其中探明未开发难动用储量占比高达 13%(图 1-6)。难动用储量是指受地质条件、流体性质、工程技术及经济因素影响,开发难度较大、成本较高,但在特定技术或经济条件下仍具备一定开

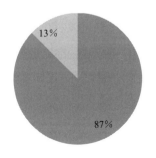

■ 优质储量　■ 难动用储量

图 1-6　难动用储量占比图

发潜力的探明储量。该类储量通常包括高致密油藏、超稠油藏、深层或超深层油藏等,往往规模较小、分布零散,需依赖先进的采收技术或经济激励政策提高开发可行性。另外,商业价值较高的油田经过持续开发,会不同程度地进入枯竭,逐渐变成难动用油田。

石油自给是国家经济安全运行的一个重要保障,而油公司作为地方经济发展的重要基石,一旦因资源枯竭而停产,就会造成区域经济的全面滑坡。按照当前难动用储量开采现状,如果能动用其中的 20 亿吨,则每年可增加 2 000 万～3 000 万吨产能,相当于新建了一个胜利油田。为此,面对中国石油进口依赖度过高及难动用储量开发需求紧迫的现状,开展价值管理导向下的业财融合研究,实现资源的高效配置与风险的精准控制,可为难动用储量的有效开发提供有力支撑。此举不仅能提升国内石油的自给能力,降低外部市场波动对国家能源安全的影响,还能通过精细化管理促进成本节约与效益提升,增强油公司的市场竞争力,为国家的能源安全与可持续发展贡献力量。

1.1.2　油公司层面战略背景

1)对标世界一流管理提升行动的迫切要求

2020 年 6 月,国务院国资委正式印发《关于开展对标世界一流管理提升行动的通知》(以下简称《通知》),对国有重点企业开展对标提升行动作出部署安排。根据国务院国资委的要求,国有重点企业在开展对标世界一流管理提升行动中,要着力提升战略引领、科学管控、精益运营、价值创造、自主创新、合规经营、科学选人用人、系统集成八大能力。到 2022 年,企业总体管理能力明显增强,部分国有重点企业管理达到或接近世界一流水平。《通知》明确提出,到 2022 年,国有重点企业管理理念、管理文化更加先进,管理制度、管理流程更加完善,管理方法、管理手段更加有效,管理基础不断夯实,创新成果不断涌现,基本形成系统完备、科学规范、运行高效的中国特色现代国有企业管理体系,企业总体管理能力明显增强,部分国有重点企业管理达到或接近世界一流水平。为实现这一目标,《通知》提出,要综合分析世界一流企业的优秀实践,深入查找企业管理的薄弱环节,持续加强企业管理的制度体系、组织体系、责任体系、执行体系、评价体系等建设,全面提升管理能力和水平,具体包括战略管理、组织管理、运营管理、财务管理、科技管理、风险管理、人力资源管理、信息化管理八个方面,具体如图 1-7 所示。推行基于价值管理的业财深度融合,不仅是创新管理模式的重大举措,也是顺应国际企业管理发展趋势、增强企业竞争力、提升企业地位的必然选择。

图 1-7　对标世界一流管理提升行动图

2)应对石油行业发展严峻形势的需要

石油行业一直是中国国民经济的支柱产业,其发展对可持续发展及经济、社会、环境的协调统一进步有着很大的影响。近年来,油公司不断深化改革,加强与国际接轨,同时也面临着空前的竞争压力与市场、价格的影响。此外,油公司内部也面临着新的挑战,随着国内主力油田相继进入开发中后期,自然递减率、含水率不断增加,开发成本直线上涨,且部分地面设施、管道、井网等陆续开始老化。

在外部和自身压力的推动下,中国石油行业不断探索,积极采用油藏经营管理模式以期缓解目前的问题。实践证明,自20世纪以来,油公司在油藏经营管理理念的指导下,时刻强调以效益为中心,注重以油藏为核心,将生产和发展置于市场的大环境下,作出适合且有效益的经营管理决策,收到了良好的效果。总体来看,油藏经营管理发展趋向多学科协同,借助科技手段,成为油公司优化生产的方法论。

随着国际化经营的推行,中国石油行业开始注重价值管理。价值管理是以企业价值创造与提升为目标,以价值分析为基础,整合价值规划、预算管理、流程再造、绩效考核等管理技术所形成的新型管理框架和模式。这种模式有助于中国石油行业发展战略的有效实施和资源分配的高效利用,进而推动行业实现可持续发展。基于价值管理,推进业财深度融合是促进企业价值创造的重要抓手,已成为油公司推动财务转型、提升价值创造效率的有效途径。

1.2 油公司业财深度融合模式探索的意义

1.2.1 理论意义

本书将业财融合理论嵌入企业价值管理环节,从财务和业务两个维度全面审视价值管理过程,通过深入研究业务与财务之间的内在联系和相互影响,打破传统管理模式中业务部门与财务部门之间的壁垒,不仅关注财务指标的改善,还重视业务活动的优化和协同,从而为企业价值增长提供更全面的视角。

现有研究已经在业财融合理论层面作出了丰富的探讨,成果丰硕,理论已普遍应用于不同行业。本书细化现有研究,将业财融合理论应用于油公司业务场景,拓展了业财融合理论的应用,进一步深化了对业财融合理论的理解,同时以战略财务、经营财务、管理财务三个维度为切入点推进业财深度融合,为业财融合理论的发展提供了新的思路和方法。

1.2.2　现实意义

业财融合是业务部门与财务部门通过信息化技术和手段实现业务流、资金流、信息流等数据源的及时共享,基于价值目标共同作出规划、决策、控制和评价等的管理活动。因此,业财融合管理为企业价值创造与提升提供了一个新的模式。鉴于此,推进油公司业财深度融合,对油公司整体管理效率提升与高质量发展具有重要的意义。

1)推进业财深度融合是油公司提高决策水平的需要

企业管理已进入由经验判断向战略决策转变的阶段,择优决策和战略决策成为现代管理的突出特征。决策的制定不是依靠受主观态度影响颇大的经验和感觉,而是依靠多元、动态、系统的科学决策系统和过程,运用科学技术手段和翔实的数据进行更加科学、系统的预测和分析,使决策客观化,更贴合企业未来发展的实际。这个过程既凸显了油公司财务工作的重要性,同时也对业财融合提出了更高、更紧迫的要求。财务管理不能仍停留在仅展示过去一段时间经营状况和财务成果的层面,而要具有前瞻性和创造性,实现由事后反映向事前控制转变,由传统的计量价值模式向"计量价值+创造价值"模式转变,由传统的财务反映功能向"反映+分析+参谋"功能转变。基于价值管理推进业财深度融合是实现上述转变的有力抓手和必然选择,油公司需要逐渐摆脱基础核算的固化功能,更多地参与到业务运行和管理中,参与到分析决策中,建立基于业财融合的新价值管理模式。

2)推进业财深度融合是油公司提升治理水平的需要

企业内部的职能分工越细,越容易形成管理壁垒。各职能部门受管理目标差异的影响,往往从部门自身需要出发,作出方便部门自身但有碍企业整体效率的事情,增加企业的运作成本,造成管理错位和脱节,使协调难度加大、推进效率降低。现实中,在油公司内部业财关系上,这种矛盾同样存在:业务目标和财务目标存在差异,缺乏统一的目标管理体系,业务活动和财务活动各自为政,存在一定的本位主义;风险控制是财务人员的职能之一,财务人员容易以制度规则和监督为由对业务活动进行干涉等,强调资金的运作管理。因此,业务部门与财务部门之间易互相掣肘,不能达到和谐统一、强强联合。要改变油公司的治理现状,提升整体管理水平,必须推行企业价值管理,完成业务部门和财务部门两部门目标的统一、以实现企业价值最大化为最终目标,转换财务传统后台职能部门的观念以及仅以部门需求为主的强势做法,使财务管理和业务管理相结合,将财务管理嵌入业务全过程中,达到全方位协同,消除业财壁垒,增强管理功能,形成管理合力,为油公司的价值提升和未来发展提供强有力的保障。

3）推进业财融合是油公司破解效益难题的需要

近年来，随着开采难度的加大以及国际原油价格的回落，油公司产量下降，而利润的收紧使生产成本上升的趋势更加明显。随着生产保障投入的逐年增大，成本形势逐年严峻，生产资金需求与成本预算之间的矛盾日益突出；同时，油公司存在大规模资产闲置的情况，资源浪费十分严重，零利用率情况下的折旧损耗数额巨大；人力资源与产出量不匹配，在年可开采量一定的条件下，单位人工产能低，人工成本高，加剧了成本的上升。油公司要想有效增强成本管控能力，使有限的资金发挥出最佳的效果，沿用以往那种单纯靠管、控、压以及财务部门一头独大、大包大揽的方式很难有大的突破，必须通过业财融合建立起业务部门和财务部门的双向制约，形成齐抓共管、上下同欲之势，把成本控制的理念、方法、措施时时融合在具体业务管理之中，这样才能突破传统成本管控的瓶颈，破解企业的效益难题。

4）推进业财深度融合是油公司适应经营环境的需要

无论外部环境还是内部环境都对油公司的财务转型提出了更高的要求。从内部环境看，油公司的财务管理目标由利润型向价值型转变，企业风险管控已提上日程，在内部管理中发挥着日益重要的作用。这需要财务管理对企业生产经营过程中的各价值链环节实施完整、严格、有效的控制监督，并延伸到业务活动的全过程。要达到这一要求，油公司必须加速财务管理与业务管理有效融合的进程，实现管理的有序衔接，支撑各类业务的健康发展，提升企业的综合素质和核心竞争力。从外部环境看，全球经济进入增速减缓、结构转型的阶段，2014年国际油价断崖式下跌后油价持续低迷，2019

年以来国际油价再次经历一波三折的变化历程,受政治风险等因素影响,油市前景变得极不明朗,油公司面临巨大的成本效益难题。在国家政策方面,营业税全面改征增值税,税收模式和税收环境发生了翻天覆地的变化,纳税审查逐年加强,涉税管理从企业内部向外部价值链延伸成为发展趋势;环保监管体系日益完善,对油公司的污染治理与环保技术改进提出了更高的要求。

综上所述,推进业务价值创造链和财务价值管理链的全程深度融合,既可带动会计工作的改革,使管理会计工具成为企业管理的有效方法,彻底实现由核算型向管理型转变,拓宽财务管理职能,又可将会计工作深度融入业务运行之中,形成"你中有我,我中有你"的企业整体协作运营态势,成为油公司管理科学化、精细化的有效手段。业财融合代表了财务会计业务发展变革的方向,适应了企业进步的需要,是油公司顺应时代发展的必然选择。

1.3 本书主要内容

本书旨在探讨油公司业财深度融合赋能价值管理的模式构建与实施,共分为六章,具体内容如下:

第1章为绪论。本章对油公司业财深度融合模式探索的战略背景进行了阐述,在此基础上介绍了油公司业财深度融合模式探索的理论意义与现实意义,并对本书的研究内容、研究方法与思路进行了总结。

第2章为国内外研究与实践。本章先是分别回顾了与企业业财融合和价值管理相关的研究,然后梳理了企业业财融合赋能价值管理相关研究,最后以中兴通讯和中国石化销售有限公司为例论述了国内外知名企业业财融合赋能价值管理的实践,为后续研究打下基础。

第 3 章为油公司业财深度融合赋能价值管理的核心理念与基础理论。本章论述以中国石油、中国石化和中国海油为代表的国内油公司面对复杂的政治经济形势和严峻的开采环境,积极践行价值管理的战略背景。在此基础上,探究了油公司实现公司价值最大化、助力行业可持续发展的四大价值管理理念,包括全方位战略规划的理念、资源与能力相协调的理念、持续改善的目标导向理念、价值创造的企业文化理念等。之后,梳理了油公司业财深度融合赋能价值管理的相关理论基础,包括价值管理理论、业财融合理论、战略成本管理理论、油藏经营管理理论等。

第 4 章为油公司业财深度融合赋能价值管理的模式构建。本章首先阐明了业财深度融合赋能价值管理的模式构建将以提升企业整体价值、助力低质储量开发为目标,秉持战略优先、信息共享、系统性、风险控制以及灵活性原则进行构建。然后,分析了业财深度融合赋能价值管理的模式构建体制基础——油公司体制,包括油公司体制的三大原则、外在表现、五大机制以及油公司体制对业财深度融合赋能价值管理的支撑。最后,论述了业财深度融合赋能价值管理的模式内涵和特征,其中模式特征主要包括内容维、方法维、主体维三个维度以及财务经营一体化平台系统。

第 5 章是油公司业财深度融合赋能价值管理的实施策略。本章论述了油公司业财深度融合是如何分别赋能价值分析、价值规划、价值创造和价值分配四个环节的。在业财深度融合赋能价值分析环节,采用战略价值链分析、价值驱动因素分析与战略成本动因分析,明确油公司价值管理的外部前景与内部环境;在业财深度融合赋能价值规划环节,通过内部市场建立、全面预算管理、产本效协同配产以及投资决策优化等机制的业财深度融合,进行行业价值链的整体优化;在业财深度融合赋能价值创造环节,运用资金集中化管理、定期经济活动分析和资产全寿命周期管理三大机制,确保价值创造与提升优化决策得到有效执行;在业财深度融合赋能价值分配环节,基于油公司业财融合模式与绩效评价机制的相互作用,构建出适用于油公司的基于业财融合的绩效评价指标体系。

第6章为油公司业财深度融合赋能价值管理的保障措施。本章针对油公司业财深度融合赋能价值管理模式的运行提出了几点保障措施:首先,要破除业财组织界限,推进业财组织深度融合,包括专业知识融合、工作岗位融合、流程规范融合以及组织边界融合;其次,要建立包括数据层、平台层、应用层三大层级的财务经营一体化平台系统,有力保障业财深度融合;最后,要充分发挥诸如培养企业文化、强化制度保障和建立沟通机制等辅助与配套保障措施的作用。

1.4 本书研究方法与思路

1.4.1 本书研究方法

本书主要采用文献研究、实地调查、逻辑演绎和案例研究等方法进行问题探究。

(1)文献研究法。通过查阅相关文献资料,了解国内外价值链管理、业财融合、战略成本管理、作业制成本制度及作业制成本管理的研究成果,总结相关理论,从而为油公司业财深度融合赋能价值管理模式的设计奠定理论基础。

（2）实地调查法。通过访谈法对油公司开展调研,了解其生产经营特点及管理现状,收集生产业务流程及作业划分的相关资料,尽可能获取生产经营数据,同时针对指标及权重的设置咨询相关专家,为油公司业财深度融合赋能价值管理模式的设计与应用做好准备。

（3）逻辑演绎法。在设计油公司业财深度融合赋能价值管理模式的过程中,主要应用逻辑演绎法,在总结相关研究的基础上,针对企业生产经营管理现状,结合生产工艺流程,设计业财融合方案以助推企业价值管理。

（4）案例研究法。围绕中兴通讯与中国石化销售板块在业财融合领域的深度融合实践,以文献查阅与实地调研为基础,进行价值管理赋能的经验总结,探讨这些经验对其他企业在推进业财融合、提升价值管理方面的借鉴意义,鼓励企业根据自身实际情况,灵活借鉴并创新应用。

1.4.2 本书研究思路

本书的具体研究思路是:首先,在分析研究背景的基础上提出油公司价值管理导向下业财深度融合模式建立与实施的研究意义;然后,系统总结国内外的现有研究与实践,以油公司业财深度融合赋能价值管理的核心理念与基础理论为基础,设计油公司业财深度融合赋能价值管理的模式,并就油公司业财深度融合赋能价值管理的实现策略展开详细探讨;最后,提出若干油公司业财深度融合赋能价值管理的保障措施。具体思路如图 1-8 所示。

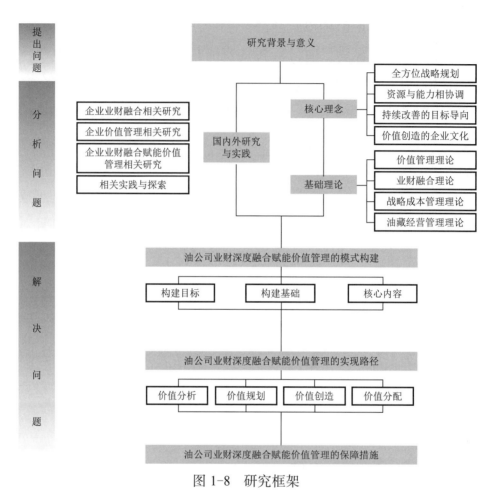

图 1-8 研究框架

第2章

国内外研究与实践

2.1 国内外研究现状

2.1.1 企业业财融合相关研究

随着管理会计的不断深化与发展,业财融合的概念引起了国内外众多学者的广泛关注和深入研究。这一概念不仅是对传统财务管理模式的革新,更是企业管理理念与实践的重大飞跃。学者们从业财融合的含义与目标、必要性、实现条件、实现途径、实施效果的经验证据和业财深度融合面临的挑战等方面对业财融合进行了全面而深入的探讨。

1)企业业财融合的含义与目标

业财融合这一概念的历史渊源可追溯至 20 世纪初的美国会计学界,由 Quaintance 在 1922 年出版的著作《管理会计:财务管理入门》中最早提出。他认为,在传统财务管理模式之外,财务人员应跨越职能界限,积极融入企业的日常运营之中,不应局限于传统的账务处理和事后核算,更应前瞻性地参与到前端的市场预测与战略规划中,通过精准的数据分析与洞察,为业务部门提供及时、有效的决策支持信息,从而增强企业的整体运营效率和市场竞争力(Quaintance,1922)。Valiris 等(1999)进一步揭示了业财融合在现代企业管理中的重要作用,指出企业要实现业务与财务的深度融合,需从内部管理机制入手,通过优化劳务资源的合理配置与职业发展的精细化管理,打破部门壁垒,促进信息流通与共享。

2016 年 10 月,我国财政部发布《会计改革与发展"十三五"规划纲要》。这一纲领性文件为会计行业的发展指明了方向,特别强调了企业在积极地向管理会计转型的过程中,必须遵循"融合性"这一核心理念,即将企业的业务运营与财务管理两大核心领域进行深度整合与无缝对接,并将此理念渗透到企业运营的每一个环节,以实现资源的最优配置与效率的最大化提升。吴金梅等(2014)将业财融合定义为业务与财务的一体化进程,这一理念被视为连接企业市场经营活动与内部管理流程的关键桥梁,对于促进企业内部信息的流通与共享,增强决策的科学性与时效性具有不可估量的价值。李媛(2018)在此基础上进一步拓展了业财融合的内涵,认为真正的业财融合是企业日常业务运作、财务会计处理以及综合管理工作的全面融合。王亚星等(2020)则对业财融合的概念框架进行了重构,强调其是业务与财务活动的深度交织;业财融合的终极目的在于通过优化企业的决策机制与控制流程,实现对潜在风险的精准识别与有效防控,从而保障企业的稳健运行与长期发展。与此同时,谢志华等(2020)从价值创造的角度出发,侧重于从业务与价值之间的辩证关系来解读业财融合,认为业务活动是价值创造的源泉,而价值的实现又反过来驱动业务的发展,两者共同构成了企业持续发展的动力源泉。姚骁蕤等(2022)的研究表明,国内企业在实践业财融合的过程中逐渐形成了包括融合价值链模式、合作与制衡模式、信息一体化模式以及融合合作关系模式在内的四种主要模式,这些模式为企业根据自身实际情况选择适合的业财融合路径提供了丰富的参考。他们强调管理会计工具在推动业财融合过程中的重要作用,认为通过科学运用管理会计工具,可以显著提升业财融合的效果与效率。胡婷婷(2022)则从财务职能升级与成本效益优化的角度出发,指出业财融合能够有效推动企业财务职能的转型升级,实现降本增效的目标,为企业的财务管理带来革命性的变革。程丽媛等(2022)进一步指出业财融合在降低企业运营成本、提升财务信息质量以及实现公司价值最大化方面的重要作用,认为业财融合是企业实现高质量发展的重要途径之一。蒋盛煌(2022)从财务共享服务的全新视角对业财融合进行了深入探究,认为在大数据时代背景下,业财融合是以财务共享服务中心为基础,通过全系统的紧密配合与信息技术的有力支持实现业务与财务的深度融合和智能化管理的新型智能财务管理模式。

2)企业业财融合的必要性

业务与财务的深度融合已成为一个广受国内外学者关注并且普遍支持的研究话题。已有研究证实业财融合对企业整体运营与发展具有显著的积极影响。Valiris 等(1999)系统地将会计职能划分为预测性决策会计、规划控制会计与责任会计三大核心维度,深刻阐述了管理会计在企业战略执行、资源配置及绩效评估中的不可或缺性。这不仅揭示了管理会计横跨企业采购、销售、生产等关键环节的事实,也强调了通过业财融合实现财务信息与业务活动无缝对接的必要性,为企业决策的科学性与效率性提供了坚实的理论支撑。Bonfiglioli(2008)的研究聚焦于企业战略转型期,指出在此关键阶段推动业务与财务的深度融合能够显著提升企业的经营绩效,并能够通过精准的资源调配与风险控制策略有效抵御外部环境的不确定性,从而降低企业运营风险。Cakici(2011)深入探讨了财务与业务之间的互动机制,强调通过构建互动机制,能够减少信息不对称现象,促进财务决策与业务执行之间的良性互动,提升整体运营效率。Ballou等(2012)的研究则揭示了财务与业务融合过程中两者间存在的对接与沟通障碍,认为在推进业财融合的过程中应高度重视跨部门的沟通与协作,以确保信息流通的畅通无阻与决策执行的高效协同。Sageder等(2019)从企业层面进一步强化了业财融合对企业管理的积极作用,认为通过优化业财融合策略,企业不仅能够显著提升管理精细化水平与工作效率,还能有效推动业务流程的再造与优化。Serap(2019)提出,财务人员应主动适应外部环境的变化,积极融入业务活动之中,实现从传统核算会计向管理会计的深刻转变。

在国内学术界,学者对业财融合的认知正在深化,业财融合的重要性日益凸显并被广泛认可。张传平等(2014)在其研究中指出,通过将财务体系与业务流程进行深度绑定与融合,企业能够依托财务数据的强大分析能力,对运营过程中出现的问题进行精准把脉与深入剖析。这种融合不仅促进了财务信息的即时反馈机制,使管理层能够迅速捕捉到运营中的异常情况,还为企业设定了更加科学合理的目标导向,为战略执行提供了坚实的财务支持。王斌(2018)基于中国管理实践的独特视角,强调了业财融合在推动财务体系转型升级中的关键作用。他提出,中国企业在面对快速变化的市场环境时,应积极倡导并实践业财融合理念,以此作为促进财务管理现代化、发挥财务独特价值创造功能的重要途径。冯成(2021)的研究表明,业财融合能够有效揭示业务运营中的潜在劣势,为成本控制提供精细化手段,还能显著提升企业的管理效率与决策质量;通过深度挖掘财务数据与业务数据的内在联系,可推动企业向更高层次的转型升级迈进。杨有红(2021)的研究指出,财务应作为企业各项业务活动的有机组成部分,充分发挥其在财务分析、决策制定及内部控制等方面的核心作用;在信息技术的有力支持下,企业应加强业务与财务数据的全面采集、高效处理与安全存储,在此基础上提升会计信息的透明度与披露质量,为企业内外部利益相关者提供更加准确、及时的财务信息。

3)企业业财融合的实现条件

Brocke 等(2010)强调组织结构的重塑是业财融合的首要前提。Bramante 等(2013)的研究进一步揭示了优化业务流程的重要性,特别是对于财务人员角色的重新定位。他们提出,要通过自动化与标准化手段减轻财务人员的重复性劳动,使其能够更多地参与到企业战略规划、风险管理等核心管理活动中,从而加速业财融合进程。Gill 等(2011)强调了信息技术在优化财务流程、降低运营成本方面的作用,认为构建统一的信息平台能够实现数据的实时共享与高效处理,打破部门间的信息孤岛,为管理层提供更加全面、准确的决策依据。Ertek 等(2017)指出,激烈的市场竞争要求管理者具备业财融合的战略意识,以快速准确决策应对挑战。张传平等(2014)强调信息共享的重要性,认为财务部门应前置并发挥预算作用。张庆龙(2018)指出,通过梳理会计流程,识别并消除不增值的业务环节,不仅能够提升财务工作的效率与效果,还能将财务管理的触角延伸至企业的外部价值链条,促进供应链上下游的协同与共赢。刘华等(2019)的研究表明,具备跨领域知识与技能的复合型人才是实现业财融合的最主要因素。谢志华等(2020)则进一步提出,在大智移物云等新技术环境下,会计核算将实现质的飞跃,在真正意义上实现业务与财务的无缝对接与深度融合。

4) 企业业财融合的实现途径

其一,财务人员主动融入并影响企业的业务运营。Siegel 等 (2003)的研究强调财务人员不仅需精通会计软件的操作,还需深入理解业务体系的全貌,以确保财务信息能够精准反映并支持业务决策。Ionescu(2016)明确指出财务人员的积极参与和支持是构建高效业财融合体系的关键环节;财务人员应跨越传统界限,深入企业运营的各个层面,通过提供及时、准确的财务数据,为管理层决策提供有力支撑。Bonfiglioli(2008)强调财务部门应将工作重点从传统的财务记账与报告功能向财务与业务一体化管理模式转变。彭家钧(2020)的研究表明财务人员应积极拥抱新技术,如人工智能、大数据等,以提升管理效率与决策质量;同时倡导企业优化业财关系,通过培养具备跨领域能力的财务人才,为企业的可持续发展注入新的活力。Venkataraman(2021)的研究敏锐地捕捉到了无形资产在现代企业经济资产中的重要地位,指出财务人员需具备挖掘并利用这些无形资产价值的能力。杨了(2021)认为财务人员应通过开放思想深入了解业务领域、建立畅通的交流渠道以及树立管理营销理念等方式,促进财务与业务之间的深度交流与融合。

其二,充分应用管理会计工具。余应敏等(2022)的研究发现管理会计工具集的全面应用对于促进业财融合的关键性。通过有效运用全面预算管理、作业成本法、标准成本法、绩效管理机制、经济增加值评估以及平衡计分卡等多元化管理会计工具,企业能够显著减少信息孤岛现象,整合分散的数据平台,实现财务与业务信息的无缝对接。这一过程不仅有助于企业实现精细化的成本控制,促进利润最大化目标的达成,从长远来看,它还为企业的战略转型与可持续发展奠定了坚实的基础。刘光强等(2022)的研究进一步强调了全面预算管理在业财融合中的独特作用。全面预算管理作为一种综合性的管理工具,其核心价值在于能够协调并优化财务与业务部门之间的资源配置,确保资源的高效利用与协同效益的最大化,推动业务与财务的深度融合。

其三,强化会计流程再造。张庆龙(2018)在其研究中深入剖析了传统劳动分工理论在现代企业环境下的局限性,指出其可能构成的发展障碍。基于此,他提出会计流程再造作为一种创新性的管理方法,旨在打破传统会计职能的界限,通过重新设计和优化会计流程,实现会计与业务信息的无缝对接与共享。这一过程不仅促进了信息流的畅通无阻,还为业财融合提供了坚实的基础,使得财务部门能够主动融入业务流程,实时采集并分享关键数据,从而为业务决策提供有力支持,加速了业务与财务的一体化进程。王亚星等(2020)强调会计流程再造在提升企业运营效率和创造价值能力方面的显著作用。通过会计流程再造,企业能够系统性地衔接、嵌合、协调并优化各个业务流程,消除冗余环节,提升流程间的协同效率。

其四,构建基于信息技术的业财融合平台。陆兴凤(2018)认为,信息技术的飞速发展构成了财务转型不可或缺的基石,构建新型财务信息化系统能够有效地将业务数据与财务信息深度融合,不仅打破了传统信息壁垒,还极大地促进了管理效率的提升。冷继波等(2019)指出先进软件系统的支持已成为企业持续发展的必要条件。软件系统与大数据技术的深度融合构建出能够跨部门、跨领域共享的信息平台,为会计职能从传统的核算型向业财融合型转变提供了强有力的技术支撑。这种转变不仅顺应了时代发展的需求,也为企业带来了更加高效、精准的决策支持。李闻一等(2016)则从技术与管理的双重维度出发,强调了业财一体化实现过程中对高水平信息技术和科学管理的双重依赖。闫华红等(2017)的研究则聚焦于信息系统建设对业财融合的具体影响,指出基于业财融合的信息系统能够深度嵌合财务与业务流程,通过自动化、智能化的数据处理机制,显著提升数据的准确性和时效性,同时大幅降低人为失误的风险。孙彤焱等(2019)在探讨全面预算管理水平的提升策略时提出了包括创新预算管理方法、组建业财融合团队、优化业务流程以及建立ERP(企业资源计划)信息化平台在内的多维度措施。这些措施共同作用于企业的管理实践,推动了业财融合向更加精细化、智能化的方向发展。刘光强等(2022)的研究将视角转向了区块链技术在业财融合中的应用。区块链技术的引入不仅推动了管理会计向智能化、信息化方向的深入发展,还通过其独特的去中心化、不可篡改等特性,为会计业务系统的安全性和透明度提供了有力保障。

其五,建设财务共享服务中心(financial shared service center,FSSC)。张杨(2020)在研究中明确指出,建设财务共享服务中心能够有效集成财务与业务领域的相关工作,通过流程标准化、信息化手段,显著提升财务处理效率与企业管理效能,进而为业财融合的深入发展奠定坚实基础。同时,财务共享服务中心的建立不仅在提升财务与业务协同效率方面直接发挥作用,还在激发员工积极性、增强团队参与感等软实力建设方面具有潜在价值。张庆龙(2018)进一步阐述了财务共享服务中心对业财融合的推动作用。财务共享服务中心的建立有助于实现会计核算标准的统一与规范,减少因标准不一而导致的重复劳动与误差,从而显著提升财务数据的质量与可比性。同时,通过集中化处理财务事务,还能有效节约人力资源成本,使财务人员得以从烦琐的日常核算中解脱出来,更多地参与到业务分析、决策支持等价值创造活动中去,进一步推动财务人员融入业务领域。李桂荣等(2020)则将财务共享与业财融合视为企业管理发展的重要趋势,两者之间相互促进、相得益彰。积极建设财务共享服务中心能够加速业财融合的实现进程,通过提升财务对业务的响应速度与支持力度,促进业务决策的科学化与精细化;同时,业财融合的深化发展也为财务共享服务中心的高效运行提供了源源不断的动力与需求,两者共同推动企业管理体系的持续优化与升级。

5）企业业财融合实施效果的经验证据

Cakici（2011）聚焦于小型开放经济体,通过构建模型分析了货币增长与技术冲击背景下,财务参与企业经营如何影响企业整体绩效。研究发现,业财融合显著降低了企业内部不同部门的信息不对称。Myatt 等（2013）的研究则转向医院,探讨了转型计划中财务转型的关键作用。研究表明,医院通过业财融合的方式推动财务转型,不仅有效缓解了财务压力与可持续发展难题,还显著提升了管理能力,为医疗服务质量的持续优化提供了坚实的财务支撑。Huikku 等（2017）进一步探讨了会计信息系统在业财融合中的角色,特别是其在运营销售预测中的应用效果;认为会计信息系统的集成度直接决定了预测的全面性与准确性,为企业战略决策提供有力支持。张翼飞等（2019）通过对中国 324 家企业的问卷调查与访谈,证实了业财融合对员工技能、经营效率及产品质量的多重正面效应。沈怡（2021）通过对案例公司的深入分析指出,业财融合通过商业模式重构、数据优化、流程再造及模型构建等多维度措施,实现了对企业运营的全面渗透与优化,其核心价值在于为管理层提供高质量的决策支持。余应敏等（2021）利用 A 股上市公司数据,通过文本分析 2008—2018 年我国 A 股上市公司年报中的管理层讨论与分析部分,探讨了业财融合对企业审计收费的影响。实证结果显示,业财融合通过提升审计证据质量与搜集效率,降低了审计师的工作负担与审计收费,体现了其在提升财务信息透明度与审计效率方面的积极作用。刘乐义(2022)强调了业财融合作为未来企业财务管理发展方向的重要性,业财融合有助于企业实现成本精细化管理、全面预算管理体系优化及数据共享,进而提升财务风险管理水平。王齐琴(2022)则具体阐述了业财融合在提升决策质量、经营效率、团队凝聚力及风险防控能力等方面的积极作用。张斌等(2022)的研究揭示了具有行业背景的 CFO 与企业创新之间的正相关关系,并指出业财融合有助于进一步强化这一关系,对成熟企业及融资约束较大的企业尤为显著。刘尚希等(2023)研究发现会计数字化建设对企业创新有显著的促进作用,业财融合强化了数字化建设对企业创新的影响。卢勇(2023)的研究表明业财融合提高了财务管理水平和企业风险应对能力。徐先梅等(2023)的研究表明业财融合能够有效缓解企业内部冗余劳动力的问题,抑制不必要的过度投资行为,调整管理者过度乐观的预期,并显著改善代理问题,从而显著降低企业的成本黏性。杨国超等(2023)则认为具有业财融合背景的 CEO 能够更好地整合业务与财务信息,从而抑制成本黏性。王凡林等(2023)研究了业财融合在"信息效应"与"监督效应"两方面的作用,指出其在提高信息透明度和加强内部监管方面的独特价值。

6) 企业业财深度融合面临的挑战

Borthick 等(2012)的研究表明业财融合并非一蹴而就的过程,而是需要企业投入较长时间与资源,进行持续性的努力与调整。Lugt(2015)认为企业应从业务层面深入剖析财务价值的真正驱动因素,精准识别并优化这些驱动因素可使企业更有效地实现财务与业务的协同效应。秦长城(2016)的研究表明在转型过程中,保持财务管理的有效性并促进业务与财务的协同发展是企业转型的关键。郭永清（2017）通过问卷调查发现，尽管业财融合的理念逐渐被企业所接受，但实际上大部分财务人员与业务部门的融合程度仍显不足。这一发现揭示了业财融合实践中的普遍现象，即理论与实践之间存在一定差距，需要企业采取更为具体的措施来推动融合进程。辛勤（2017）则深入剖析了业财融合面临的诸多障碍，包括管理体制的弊端、流程设计的不规范、技能水平的不足以及绩效考核体系缺乏有效激励等，为企业制定针对性的改进策略提供了重要依据。周雷等（2020）的研究指出，企业内部业财融合的主要障碍除人才资源匮乏外，还体现为业务与财务部门之间的沟通桥梁不够坚固，以及信息系统建设的不完善所引发的信息不对称问题。蔡淑娴（2020）同样强调了人才短缺、沟通机制不健全及信息系统发展滞后对业财融合造成的挑战。此外，她还指出，当前财务流程与业务流程之间的对接存在缺口，且对产业链与价值链的整合与分析重视不足，这些因素进一步加剧了业财融合的难度。周艳平（2021）和张静（2022）的研究则聚焦于财务与业务部门之间的目标考核与标准化差异问题。他们指出，这些差异往往成为阻碍业财融合深入发展的重要因素。李红霞（2022）针对事业单位这一特定领域的研究发现，业财融合在事业单位中同样面临目标差异和全面预算不足等挑战。曹怀樱（2022）认为后疫情时代企业管理模式变化对业财融合产生影响，疫情加速了企业管理模式的变革，但同时也暴露出财务手段不足的现实问题，为企业在后疫情时代更好地推进业财融合提供了思考方向。

2.1.2　企业价值管理相关研究

企业价值管理作为一种受到广泛瞩目的管理模式，正逐步成为企业战略规划与日常运营中的核心要素。这一管理模式的核心追求在于实现企业价值的最大化,它超越了传统管理框架的界限,通过深度整合各类价值元素与高效运用管理策略,对企业内部的管理架构与业务流程实施了一场全面而深刻的变革与重塑。国内外学者大多从企业价值管理的概念、模式和驱动因素等方面来进行研究。

1)企业价值管理的概念

价值管理理念的起源可追溯至 Fisher(1906)所奠定的资本价值理论基础,之后在 Modigliani 等(1958)提出的资本结构理论框架下,价值越来越受到企业的重视。鉴于价值管理与价值创造之间存在着本质的内在联系,Ameels 等(2002)强调,在追求企业价值最大化的过程中,至关重要的是全面审视并识别那些能够对企业价值产生实质性影响的因素。这一过程要求细致分析这些因素的潜在效应,明确区分其对企业发展的正面促进或负面制约作用,以便制定更为精准有效的管理策略,从而确保企业价值实现稳步增长。

学术界对于价值管理概念的理解呈现多元化的视角。McTaggart 等(1994)在其著作《价值命令》中首次引入了价值管理的概念,并构建了一个以股东价值为核心的管理框架。Copeland 等(1994)进一步拓展了这一概念,指出价值创造的核心在于确保资本回报率超越资本成本,强调价值管理是基于价值评估之上,旨在推动价值增长的一种管理范式,同时也是实现企业价值最大化的重要工具。Marsh(1999)聚焦于价值管理的实践层面,认为其是通过一系列管理与评价活动,旨在为股东创造价值的策略集合。Brealey 等(2000)则提出了一种更为整合的理念,认为价值管理是通过汇聚企业内各方力量,共同推动价值提升的一种行动指南。Boulton 等(2000)将价值管理的实质归结为辅助管理层在决策过程中把握方向,确保企业活动始终围绕价值最大化的目标展开。Koller 等(2010)

进一步细化了价值管理的内涵,将其视为一个把价值驱动因素融入战略规划与实施过程,以实现持续价值创造的综合性管理体系。

自 20 世纪 90 年代末期价值管理理念引入我国以来,国内学术界对其研究兴趣激增。丁君凤等(2004)指出,价值管理作为一种新兴管理模式,显著区别于传统框架,其核心在于将企业价值置于管理活动的中心地位。该模式融合了利润导向、现金流管理及财务与非财务指标的综合考量(刘圻等,2011),展现了其多维度、全方位的特性。陈良华(2002)和汤谷良等(2003)强调,价值管理并非孤立存在,而是贯穿于企业所有管理活动之中,形成了一种协同促进的效应,其本质在于持续创造价值与提升价值,体现了对企业长远发展潜力的深度挖掘与追求。宋若涛(2004)通过对价值管理发展历程的剖析提炼出实施价值管理的四大关键步骤:确立清晰、可量化的价值目标,识别并明确价值驱动要素,在生产经营全过程中践行价值管理理念,坚持人本管理原则。这些步骤为企业有效推进价值管理提供了实践指南。在实际操作中,企业往往通过深入分析价值驱动因素来探寻价值增长的潜在领域,旨在增强企业的可持续发展能力(赵欣然等,2017)。葛玉洁等(2021)则以电力企业为例,探讨了构建企业价值管理系统的新思路,旨在通过新的思维模式,进一步推动企业价值的最大化实现。

2)企业价值管理的模式

通过查阅与整理国内外相关文献,可以归纳出企业价值管理的三大主要模式:一是以现金流为核心的价值管理模式,该模式侧重于通过优化现金流管理来提升企业价值;二是财务与非财务指标相融合的综合性价值管理模式,该模式强调多维度指标的整合运用,以全面评估和提升企业价值;三是基于经济增加值(EVA)的价值管理模式,该模式以 EVA 为核心指标,衡量企业价值创造的真实绩效,并据此指导管理决策。这三种模式各具特色,共同构成了企业价值管理的多元化实践体系。

其一,以现金流为核心的价值管理模式。Ottosson 等学者在 1996 年首次引入了以现金增加值(CVA)为核心的企业价值管理新模式,CVA 为企业经营活动产生的现金流(OCF)与满足经营需求所需现金流(OCFD)之间的差额。Weissenrieder(1997)进一步提出了 CVA 系数的概念,该系数反映了经营所需现金流与企业实际拥有现金流之间的比例关系。在 CVA 的框架内,营业利润、营运资本管理效率、总收入以及非战略性投资等因素被视为关键的价值驱动要素,它们共同作用于企业价值创造过程。在国内研究方面,杨淑娥等(2009)通过深入分析公司绩效与治理结构的关系,揭示了 CVA 对于控股股东具有显著的"激励效应",这一发现强调了有效管控自由现金流对于提升企业价值管理的重要性。

其二,财务与非财务指标相融合的综合性价值管理模式。Kaplan 等(2005)拓宽了企业价值创造的驱动力分析范畴,整合了非财务维度、内部运营流程及员工激励体系,通过引入平衡计分卡工具,创新性地实现了企业绩效与战略目标的无缝对接,将两者融合于同一评价体系之中。Tayler(2010)和杜胜利(2004)均强调企业价值管理是一个多维度、综合性的架构,虽然财务指标在衡量企业绩效时占据核心地位,但非财务指标同样不可或缺,包括客户满意度、供应商关系质量及员工个人成长与发展等,这些均应作为关键绩效指标纳入企业价值管理的平衡计分卡体系,以全面反映并促进企业整体价值的提升。诸波等(2017)将 EVA 与 CVA 相融合,构建了一种新型的价值创造方法。该方法不仅聚焦于现金流的有效管理、风险控制的精细化,还强调将战略管理作为价值创造的核心驱动力。

其三,基于 EVA 的价值管理模式。现有研究表明,EVA 已成为企业众多关键决策领域的得力助手,涵盖业务拓展、人力资源管理、资产管理优化、投融资规划及资本结构设定等,有效推动企业从利润导向管理向价值导向管理转型。Chen 等(1997)聚焦于会计盈余增量视角,证实了 EVA 与企业价值之间存在显著的正向关联。Hingorani 等(1997)以美国电力行业上市公司为研究样本,深入探究了不同业绩评价指标对企业价值的解释能力,结果显示 EVA 相较于其他财务指标,能更有力地诠释电力企业的价值表现。Bao 等(1998)的实证研究亦强化了这一观点,指出 EVA 在解释企业价值时,力度远超税后经营净利润,进一步提升了 EVA 作为价值评估工具的精准度。Kim 等(2004)的研究发现,在经济紧缩时期,EVA 与 MVA(市场增加值)展现出强烈的正相关关系,凸显了 EVA 在逆境中衡量企业价值的重要性。Taufil 等(2008)则聚焦于 EVA 与股票收益的关系,发现相较于其他会计变量,EVA 与股票收益的相关性更为显著。然而,学术界对此亦存在不同声音,如 Farslo 等(2000)的研究发现,EVA 在解析股票收益波动方面的贡献有限。尽管如此,这并未削弱 EVA 作为价值管理工具的主流地位。韩士专等(2023)的研究聚焦于伊利集团 2017—2021 年间并购活动前后的财务协同效应与 EVA 表现,进一步探讨了企业价值管理的实践路径与成效,为 EVA 理论在国内企业中的应用提供了宝贵案例。

3)企业价值管理的驱动因素

国外学者率先展开了对价值驱动因素的全面探索,其分析框架明确划分为财务与非财务两大维度。就财务层面而言,Rappaport(1986)巧妙地运用现金流折现模型(discounted cash flow model),深刻剖析了企业经营与财务活动中的多重价值创造机制,进而归纳出七大核心驱动因素。就非财务层面而言,Daves 等(2007)的研究进一步拓宽了价值管理的视野,强调企业内部主体作为价值增长引擎的关键作用,提出了以平衡价值管理为核心的理念。具体而言,企业需通过制定前瞻性的公司总体规划,为长期发展奠定坚实基础;加强日常经费预算的精细化管理,确保资源的最优配置与高效利用;构建灵活有效的价值增长机制;建立健全的核心管理报告体系,实现对运营状况与战略执行效果的实时监控与评估。

国内学者关于价值管理驱动因素的研究取得了丰硕成果。史青春等(2006)的研究与国外主流观点相契合,分析框架亦遵循财务与非财务两大类别进行。他们认为,财务因素与非财务因素在价值管理中均占据不可或缺的地位,共同作用于企业价值的创造与提升过程。在财务因素方面,董淑兰等(2014)将研究聚焦于创业板上市公司,通过实证分析揭示了履行供应商责任时,相关财务指标与企业价值增长之间的正相关关系。在非财务因素方面,南星恒(2014)强调了智力成本在企业价值创造中的独特作用,为理解企业的价值驱动机制提供了新的视角。丁永淦等(2015)则对价值管理的驱动因素进行了更为细致的划分,指出其由财务价值和经营价值两大板块构成,两者虽各有侧重,但共同作用于企业价值的最大化目标,其核心在于确保企业投资能够超越成本,从而实现企业和股东价值的双重最大化。胡颖纹等(2017)的研究进一步拓展了非财务驱动因素的范畴,提出以股东、员工及消费者满意度作为衡量企业价值创造成效的重要指标,强调了利益相关者满意度在价值管理中的重要性。庞婧(2020)针对创新型企业进行了深入研究,总结出了盈利能力、盈利可持续性、现金流量、资本结构以及资本成本等关键驱动因素。

2.1.3　企业业财融合赋能价值管理相关研究

价值管理的产生不仅为业财融合的实践探索提供了坚实的理论支撑,还指明了通过财务与业务深度融合以驱动企业价值增值的路径。学术界对于业财融合赋能价值管理的作用持有高度一致的见解。一种主流观点认为,企业价值管理是解决业财融合挑战的关键策略(殷起宏等,2015)。汪平(2000)提出,价值管理根植于企业价值最大化的财务理念之中,并以现金流折现模型作为工具,将预算管理、绩效考核与激励机制紧密融合,形成了一套促进企业价值持续增长的管理体系。此外,也有学者从企业财务管理与业务管理目标协同的视角出发,进一步阐述了业财融合对于提升企业价值的积极作用。殷起宏等(2015)认为,无论是财务管理还是业务管理,其终极追求均在于实现企业价值的最大化。因此,构建高效的业财融合机制不仅能够打破传统管理壁垒,促进财务与业务信息的无缝对接与共享,还能确保企业决策基于全面的价值考量,与价值管理的核心目标高度契合。

王斌(2018)的研究揭示了业财融合的本质,即一种由业务与财务双向互动、协同作用、共同驱动企业价值增长的过程。他特别强调了"业务牵引财务,财务支撑业务"的双轮驱动模式,共同驱动企业价值增值。汤谷良等(2018)则将业财融合置于管理会计的广阔背景下,视其为构建闭环信息系统的关键环节,该环节紧密围绕价值创造、风险控制、绩效管理及成本管控等核心职能展开。张庆龙(2018)提出从价值链分析的角度出发,业财融合的核心优势在于其能够实现企业内部信息的深度集成与实时控制,为管理层提供更加精准、及时的决策依据,从而优化了资源配置与战略执行。杨忠海(2018)的研究则进一步强调了管理会计在业财融合过程中的渗透力与影响力,他主张管理会计必须深入企业价值链的每一个细微环节,通过精细化管理促进价值创造。张翼飞等(2019)从实践效果层面验证了业财融合对企业发展的积极影响,指出财务与业务的深度融合显著提升了企业的决策效率、经营效能及风险防控能力,是推动企业增值的关键驱动力。Venkataraman等(2019)强调流程再造与优化必须依托于完整的业务链构建,并通过信息技术等现代手段加速企业价值创造过程。

2.2 知名企业业财融合赋能价值管理实践与探索

在当今全球经济一体化的背景下,国内外众多知名企业正积极探索并实践着业务与财务深度融合的价值管理模式。这一趋势不仅重塑了企业的管理架构与运营流程,也为企业价值创造与提升开辟了新的路径。通过打破传统业务与财务之间的壁垒,实现数据共享、流程协同与决策支持的一体化,企业能够更精准地把握市场动态,从而在实现短期业绩目标的同时构建长期可持续发展的竞争优势。知名企业的这些实践与探索不仅为行业树立了标杆,也为更多企业提供了可借鉴的宝贵经验,共同推动全球企业管理水平迈向新的高度。

2.2.1 中兴通讯业财融合赋能价值管理实践

中兴通讯进行业财融合实践的目的不仅在于实现企业价值的保值——稳固现有的市场地位与盈利能力,更在于推动企业价值的持续增值——通过创新业务模式、优化资源配置、提升运营效率等多维度努力,不断挖掘新的增长点,确保企业在日益激烈的市场竞争中保持领先地位与可持续发展能力(王瑞,2020)。

1）中兴通讯业财融合赋能价值管理的运行规则

（1）业财相结合。在中兴通讯推进业财融合以赋能价值管理的过程中,管理层被赋予了新的使命:将业务管理的精髓巧妙地融入财务管理的日常实践中。这一转变的核心在于:管理层在监控和指导业务发展的同时必须超越单纯追求财务指标达成的局限,转而采取一种更为全面和深远的视角,即将价值创造的管理理念作为决策的重要参考。具体而言,管理层不仅要关注财务报表上的数字变化,更要深入理解这些数字背后所反映的业务实质与价值潜力。他们应当学会运用价值创造审视每一项业务活动的经济效益与社会贡献,分析其在提升企业整体价值链中的地位与作用。这种分析不仅是对短期盈利能力的评估,更需考虑到长期价值增长的可能性与可持续性。

（2）以业务 EVA 为核心。在构建和优化企业价值创造体系的过程中,中兴通讯采用了以业务 EVA 为核心导向的策略。通过精细化的资源配置与灵活的融资结构设计,中兴通讯得以集中力量投资于高潜力、高回报的核心业务。在这一过程中,企业不仅追求营业收入的稳步增长,更致力于通过效率提升、成本节约与流程优化等手段实现经营成本的有效控制与降低。这种双重努力——增收与节支并举,共同驱动着企业价值创造能力的显著提升,为股东财富的持续增长奠定了坚实基础。中兴通讯的企业价值创造系统运行规则的核心在于将业务 EVA 作为衡量业务绩效与价值贡献的关键标尺。这一做法的独到之处在于,它能够揭示业务活动对所有者真正资本增值的贡献度。通过业务 EVA 的评估与比较,企业能够清晰地识别出哪些业务单元是价值创造的引擎,哪些则需要调整或优化。这种基于价值创造的深度分析为企业制定更加精准、有效的战略决策提供了有力支持。

（3）成本效益与可操作性。在深入剖析企业价值创造的过程中，进行科学合理的分析评价是至关重要的一环，其根本目的在于推动企业价值的最大化增长，同时确保所有利益相关者的权益得到妥善维护与平衡。中兴通讯在构建其价值评价体系时不仅着眼于未来经济利益的精准衡量，还考虑投资与回报是否存在更高程度的正比例关系。具体而言，中兴通讯在选取评价指标时，秉持着投资与回报必须相匹配的原则。任何一项投资，若其成本显著超出预期回报，则投资规模指标的意义便大打折扣，甚至可能误导决策。此外，中兴通讯还格外注重评价体系的可操作性，即所选取的指标必须能够在实际经营环境中得到有效应用，而非仅仅停留于理论层面的探讨上。为此，中兴通讯确保所有相关指标的数据来源可靠、易于获取，如直接从财务报表中提取，避免了数据捏造与虚报的可能性，从而保证了评价结果的客观性与准确性。

2）中兴通讯业财融合赋能价值管理的工作原理

作为通信行业的领军者，中兴通讯持续经营的核心目标在于维系并推动企业价值的稳健增长，这在全球化竞争日益激烈的今天显得尤为重要。为了实现企业价值最大化的宏伟蓝图，中兴通讯不仅要巩固现有高盈利业务的领先地位，更需前瞻性地挖掘并深耕核心盈利潜力业务，同时不忘对低盈利业务进行战略性调整与优化。在这一过程中，精准衡量并提升各项业务的价值创造能力成为推动企业发展的关键驱动力，因为企业价值的最大化归根结底是建立在各项业务盈利能力的坚实基础之上的。因此，中兴通讯业财融合赋能价值管理的工作原理可以描述如下：

其一，从业财融合的视角对各项业务的价值创造水平进行深度剖析,从而准确评估其价值创造能力。这一过程不仅关注财务数据的量化分析,更融入了业务运营的实际情况,确保了评估的全面性与准确性。

其二,根据外部市场环境的变化趋势以及企业内部资源的现状与潜力进行动态的业务规划调整。这种灵活应变的能力使中兴通讯能够迅速适应市场变化,抓住发展机遇,同时有效规避潜在风险。

其三,针对当前的价值创造状况,提出一系列旨在提升价值创造能力的策略建议。这些建议不仅聚焦于财务层面的优化,更强调与业务运营的深度融合,从而形成一套以实现企业价值最大化为终极目标的、财务与业务紧密结合的价值创造管理体系。

综上所述,中兴通讯的业财融合赋能价值管理体系不仅是一个高效的价值管理系统,更是一个强大的资源整合平台。其内在机理在于:通过构建以价值增值或保值为核心驱动力,以价值创造活动为主线的价值管理规则与原理,促进企业内部各要素之间的紧密协作与相互影响,共同推动企业向更高层次的价值创造目标迈进。

2.2.2 中国石化销售有限公司业财融合赋能价值管理实践

1)中国石化销售有限公司业财融合赋能价值管理的实施路径

(1)全面预算分解战略目标。中国石化销售有限公司在财务共享的初步推广阶段,预算管理体系仍沿袭了传统的权威型与申请导向型相结合的模式。在这种模式下,公司的预算制定过程高度集中于管理层,尤其体现在销售收入的预算编制上。管理层基于宏观环境分析、市场预测及内部业绩指标要求,自上而下地设定公司整体销售收入预算框架,并由财务部门具体执行编制工作。此方式确保了公司战略目标的直接渗透与预算过程的严格控制,提升了决策效率与执行力。然而,随着公司规模的日益扩大和业务范围的不断扩展,覆盖全国的加油站网络及便利店体系使得这种集中式的预算模式面临挑战。一方面,缺乏基层执行层面的深入参与和实际情况反馈,导致预算设定可能脱离一线运营的实际需求,降低了预算的可行性与执行层的接受度。中国石化销售有限公司的成本费用预算管理依赖于各部门和加油站按时间周期(日、周、月、年)上报的滚动式预算,财务部门汇总后申请拨付。然而,由于财务部门未深入业务前线,对成本费用的实际情况了解不足,导致预算指导与监督缺乏针对性,易引发财务与业务部门间的矛盾,影响公司经营效率和效益的提升。另一方面,缺乏有效的激励机制使得预算目标成为单纯的数字游戏或外部压力,而非内在动力,影响了预算目标的达成效率与效果,进而削弱了年末绩效评价的公正性与实用性,使其成为形式化的存在。

在深化业财融合的实践过程中,财务部门得以将更多资源聚焦于业务实质的深入剖析上,从而显著提升了公司预算编制的精细度与科学性。针对销售收入预算的优化,财务部门在全面掌握公司销售动态与现状的基础上,引入了更为先进的方法论。具体而言,依托公司丰富的历史销售数据,财务部门构建了"精细化权重指数模型",该模型不仅基于预设的目标增长率,还巧妙地将公司总销售目标通过数据化手段精准分配至各个加油站及具体日期。考虑到零售行业特有的以周为周期的循环销售模式,该模型进一步融入了站级销售特性分析、节假日效应及特殊促销期的调整因子,确保销售目标的分解既符合市场规律又贴近实际运营情况。通过以周为周期的权重指数设定,不同加油站之间的销售业绩变得更具可比性,便于公司管理层从宏观到微观全面掌握销售动态,实现精准调控。此外,该模型还促进了各加油站之间的横向对比,使得各加油站间同类型商品的销售表现一目了然。基于此,财务部门能够开展滚动预测与业绩追踪,不仅为公司提供了全面的业绩滚动预测概览,还生成了详尽的加油站间业绩对比报告,为公司优化资源配置、提升经营效率提供了强有力的数据支持。

实施业财融合以来,中国石化销售有限公司在销售收入预算的编制上实现了质的飞跃,变得更加具体且数据支撑充分。这一转变不仅增强了预算的透明度与合理性,还显著提升了各下级公司的理解与认同,有效激发了其积极性与创造力,共同推动公司销售收入预算超越既定目标。

在成本费用预算领域,业财融合的深化促使财务部门进一步加大对成本费用动因的探究力度。通过引入作业成本法,财务部门深入剖析了资源消耗、作业执行与产品成本之间的复杂关系。具体而言,通过对加油站费用的细致剖析与分类,财务部门发现了费用构成的多样性与复杂性,如人工费用、摊销费用、服务成本与非服务成本等的具体分布及变动特性。这一分析不仅帮助公司精准识别了成本控制的关键点,还明确了哪些费用是可控的,哪些是不可控的,为后续的成本优化策略提供了明确方向。在人员工资预算方面,财务部门与业务部门紧密合作,共同制定了加油站加油员及收款员人数配置表。这一举措不仅体现了业财融合的实质,即财务与业务部门的深度协作与信息共享,还确保了成本费用预算更加聚焦于提升公司价值的核心领域。通过科学合理的人员配置,公司既有效控制了人力成本,又保证了服务质量的稳步提升,实现了成本效益的最优化。

(2)综合财务分析助力战略决策。在过去的经营中,中国石化销售有限公司积累了庞大的数据资源,涵盖了从业务运营、财务管理到市场交易和客户行为的全方位信息,蕴含着巨大的潜在价值。

然而,由于部门间的孤立以及业务与财务之间的传统割裂,这些宝贵的数据资源未能得到充分的整合与利用,其价值挖掘受到严重制约。随着业财融合战略的深入实施,财务部门主动承担起数据治理与挖掘的重任,打破系统壁垒,促进数据流通,通过先进的数据收集、传输与管控技术,将分散在不同角落的高价值数据汇聚起来,构建起统一、高效的数据管理平台。这一过程不仅实现了数据的集中存储与共享,更为后续的数据分析与应用奠定了坚实的基础。

在数据资产化的基础上,公司进一步聚焦于业务发展的核心动因,通过整合多维度数据资源,建立了稳定的会计评估模式。该模式能够紧密跟踪业务影响因素的动态变化,对关键业务场景的会计估计进行快速、精准的调整与优化。公司首先明确了影响销量的关键假设因素,如加油站地理位置、规模大小、附加服务等;随后,利用大数据分析技术,从历史数据中挖掘出有价值的信息,与共享平台上的实时数据进行深度比对与校验;接着,依据不同因素的不同影响权重,构建出科学合理的评估模型;最终,通过定期滚动调整与修正,确保会计评估结果始终贴近业务实际,为公司的战略决策提供有力支持。

（3）分别匹配最佳绩效评价。绩效管理作为公司战略执行与价值提升的关键驱动力,核心在于多维度、系统化地评估公司运营成效,旨在通过持续优化推动战略目标的实现与整体价值的飞跃。绩效考核与预算管理相互依存,共同促进管理效能的提升。理想的绩效管理框架应全面覆盖财务健康、客户满意、内部流程优化以及学习与成长四大维度,形成既独立又相互关联的评价体系。例如,投资回报率作为财务维度的核心指标,其背后的驱动力往往深植于客户忠诚度与销售增长之中,而这两者的提升又直接源于客户满意度的提升,因此客户满意度自然成为客户维度不可或缺的考量因素。

然而,在大型央企的复杂组织架构下,绩效管理常面临与战略目标脱节的风险,容易陷入传统模式,即过分依赖部门责任书与短期业绩考核,导致部门间各自为政,忽视公司长远发展。此外,结果导向的绩效考核体系往往偏重于结果性指标的权重,忽视了过程管理的价值,既不利于公司的全面成长,也挫伤了员工的工作热情与创新能力。究其根源,是财务与业务之间的隔阂导致了对生产经营环节附加值评估的失准。

随着商业环境从工业化时代步入信息化时代,竞争焦点已从有形的投入与产出转向无形资产,这要求公司的战略与绩效管理必须紧跟时代步伐,创新管理模式,以更精准、全面的绩效责任指标支撑公司战略的有效落地。此时,平衡计分卡应运而生,以多维度的评价体系为公司管理提供了新思路。

在中国石化销售有限公司的业财融合实践中,财务部门主动承担起构建并维护公司平衡计分卡的重任,通过精准匹配各层级运营主体的绩效责任指标,确保战略意图的有效传导与执行。这一过程不仅强化了总部对运营管理的统筹能力,还促使各部门围绕公司整体目标形成合力,实现了从战略制定到执行评价的闭环管理。尤为重要的是,业财融合后的绩效评价体系不再局限于传统的财务指标,而是将客户体验、内部流程效率及员工成长等非财务指标纳入考核范畴,通过横向与纵向的双重比对,实现了对下属单位运营绩效的全面审视。这种多维度、动态化的绩效评价机制不仅激发了员工的积极性与创造力,还促进了公司的长远发展与价值创造,真正发挥了绩效管理在公司管理中的"指挥棒"作用。

在传统的财务管理实践中,加油站的评估绩效主要依赖于收入和利润等定量财务指标。然而,随着业务与财务的融合,这种单一的评估方式已逐渐被更全面的考核体系所取代。在这一新的体系中,财务指标仅作为财务维度的一部分,只是评价体系的一个方面。关键动因的识别与考核,及其与其他维度如客户满意度、成长指标和内部业务指标的关联,都是评价体系的重要组成部分。首先,通过计算单个加油站在各维度的得分,并与同类加油站的平均得分进行比较,可以进行横向对比。其次,通过将单个加油站的当月得分与其前一个月或历史数据进行比较,可以进行纵向比较。这种比较不仅有助于全面评估加油站的绩效,还能激励员工的积极性。最后,通过在不同维度上进行长期和短期的考核,可以更好地关注过程和长远目标,并发挥引导作用。这种综合评价机制有助于推动公司的可持续发展和价值创造。

（4）组织变革打造新的组织构架。在财务管理领域,传统的合规性指标依然被广泛采用,这种管理方式往往强调监管而非服务,导致业务部门的合作意愿不强,并对财务部门的介入持有抵触情绪。这种状况长期存在,使得财务部门对业务的深入理解不足,对项目进展的跟踪不够全面,进而影响到决策的严谨性和全面性,在关键风险点的预警和提示方面也未能发挥应有的作用。随着业务与财务的融合,财务部门开始对自身的管理职能进行梳理和优化,重新规划了深入业务的管控策略。中国石化销售有限公司以价值创造为核心,深刻理解可持续发展的深层含义,准确把握关键点并进行相应的组织结构调整。公司致力于打造一个涵盖业务财务、风险防控、现场管理、共享辅助以及财务专家队伍的"五位一体"财务管控模式。这种模式将"强化价值引领,深化业财融合"的理念贯穿于财务管理的各个环节,确保对经营业务的全过程、全方位覆盖。这种充满活力的财务管理体制和机制为公司的可持续发展提供了坚实的财务支持,具体实施策略如下:

其一,业务财务在"五位一体"的财务管理体系中扮演着核心角色,不仅是公司战略财务在具体实施层面的执行者,也是推动公司价值创造、深化业务与财务融合、促进经营效益提升以及保障国有资产增值的关键力量。为了更好地实现业务与财务的深度融合,中国石化销售有限公司逐步将财务团队细分为共享财务、业务财务和战略财务三大方面。业务财务人员在其中充当桥梁,不仅连接战略层面与共享层面,还对业务部门进行指导,推动业务与财务的进一步融合。

其二,风险防控构成了公司财务安全的防线。财务部门通过对各种风险进行识别、评估和管理,及时采取应对措施,建立和完善长效机制,预防和化解重大风险。财务人员全程参与业务部门的各个环节,提前在关键风险点设置预警,实时监控操作过程,发现偏差时立即调整,并在事后进行报告和总结,使整个流程管理更加专业和规范化。

其三,公司财务管理的关键是现场管理。县区公司财务代表作为制度执行的"最后一公里",应充分发挥现场管理者的作用,通过制定标准管理流程和工作方法,规划和组织经营管理现场检查活动,及时发现并纠正公司制度和业务流程中的问题。现场管理人员需要定期对自己管辖区域的情况进行总结和汇报,结合定期和不定期的检查,全面掌握经营实际情况。

其四,共享辅助财务是财务转型的基石。通过整合现有的核算业务,明确公司内部财务职能与共享辅助财务的边界,共享辅助财务积极推动公司共享端与业务端的直接对接,共同推进会计核算业务的标准化、规范化、智能化和大数据建设。共享辅助财务根据业务财务、现场财务和风险财务等一线财务的反馈,及时解决数据获取或技术支持方面的问题,提升各层级、各方向的财务管理效率和准确性。

其五,财务专家队伍由公司总部财务部门高层及下属单位财务主管人员构成,其职能在于充当财务领域的智囊团。专家团队致力于资源优化配置与项目导向型运营,针对市场经营环境的动态变迁、财政税收政策的新一轮调整、公司改革深化中的核心挑战与瓶颈问题,以及财务管理体系中的薄弱领域,系统性地展开专项研究、管理现状的深度剖析及关键环节的强化辅助。此团队为公司策略规划、专项任务执行等核心环节提供了高价值的智力咨询与专业技术支撑,确保了决策的科学性与实施的有效性。

2)中国石化销售有限公司业财融合赋能价值管理的作用机理

其一,业务与财务一体化加速公司数字化转型,助力价值创造。在构建共享服务中心的背景下,业务与财务的深度融合成为推动公司数字化转型的关键驱动力。这一过程不仅促使公司内部系统间壁垒消解,实现业务与财务数据的无缝对接与融合,还激发了对高质量、大规模财务与业务数据收集与积累的迫切需求,进而优化数据质量,提升数据规模。此举显著增强了公司的运营效能与效率,为公司的价值增长提供了坚实的支撑(鲁美惠子,2019)。

其二,业财融合强化部门协同,优化决策效率与价值创造。作为公司内部的核心支柱,业务部门与财务部门通过融合,构建了更为流畅的沟通机制,有效降低了内部摩擦成本。业财融合促进了战略共识与实施路径的一致性,增强了公司的内部合力,规避了因预算松弛、决策支持不足、绩效评价体系浮于表面及风险防控缺失等引发的价值侵蚀。同时,这一融合机制促进了高效运营,为公司创造了更为丰厚的价值回报。

其三,业财融合驱动精细化管理,使公司价值提升。在业财融合背景下,财务部门与业务部门紧密协作,引入并应用与公司实际相契合的新型财务管理方法,精准把握经营实况,助力公司利润增长与战略目标的达成。在此过程中,财务管理深度融入预算规划、日常运营分析、运营异常监控、绩效考核等关键环节,实现了更为精细化的管理实践。数据成为决策的核心依据,一切分析与决策均基于数据洞察。

其四,业财融合使员工能力升级,对员工知识结构与数据分析技能提出更高要求。鉴于财务数据与业务数据在采集、分析及应用上的差异性,业财融合要求员工不仅掌握扎实的财务知识,还要具备丰富的业务知识,以确保信息的准确性和决策的有效性。此外,大数据时代的到来要求员工必须提升数据分析技能,熟练掌握各类数据分析工具的使用方法。因此,公司应构建员工发展蓝图,加强相关培训,促进员工在业务知识、财务知识及数据分析能力上的全面提升,为业财融合的精细化管理奠定坚实基础,进而形成员工能力与公司价值提升的良性循环。

第3章

油公司业财深度融合赋能价值管理的核心理念与基础理论

3.1　油公司价值管理的核心理念

　　面对复杂多变的政治经济形势和日益严峻的油田开采环境,油公司价值管理的核心理念成为重要议题。在油田开采难度不断加大、开采成本逐渐增加、竞争日益激烈的背景下,中国石油、中国石化和中国海油等油公司不得不适应新的环境,采取措施应对挑战,以确保公司的稳健发展。为了有效应对这些挑战,各油公司积极加强与其他企业间的合作,注重发展理念与管理模式的转变和维护。这种趋势反映了石油行业日益强调合作与共赢的理念,以及追求创新和效率的迫切需求。各油公司都在不断探索适应新形势的管理模式,以提升公司的核心竞争力。在价值管理方面,各油公司努力推行正确的战略决策、完善的经营规划、有效的价值驱动策略以及与公司价值相联系的激励机制(姜涛,2024)。这些举措旨在为公司的持续发展和价值创造提供支持,从而确保公司在竞争激烈的市场中保持竞争优势。

　　各油公司均致力于通过全方位战略规划、资源与能力相协调、

持续改善的目标导向和价值创造的企业文化理念,实现油公司价值
的最大化。总的来看,中国石油、中国石化和中国海油等油公司在
价值管理方面积极探索,不断优化管理理念和战略规划,提升油公
司的核心竞争力和市场影响力。通过这些努力,油公司正在逐步实
现价值引领、创新驱动、高效勘探、效益开发、从严管理、绿色发展的
目标,为行业的可持续发展作出了积极贡献。

3.1.1　全方位战略规划的理念

全方位战略规划的理念是一种集创新驱动、绿色发展、稳健运
营与共创共享于一体的综合性战略导向,是油公司应对复杂市场环
境和提升自身竞争力的关键(肖国连等,2024)。在这一理念指导下,
油公司需要综合考虑产业链上下游的因素,制定多层次、多维度的
战略规划,以适应市场需求的变化,实现油公司的可持续发展。在
实践中,油公司积极探索以价值为导向的战略规划,注重整合内外
部资源,提高资源配置和利用效率,不断优化产品结构和市场布局,
以推动油公司发展。这一理念不仅明确了公司未来发展的核心方
向,也深刻体现了公司在追求经济效益的同时对技术创新、环境保
护、社会责任及员工福祉的全面考量。通过这一理念的实施,油公
司旨在实现可持续发展,增强市场竞争力,并为社会作出更大的贡
献。

创新驱动是油公司战略规划中最为核心的动力源泉,强调通过
技术创新、管理创新、模式创新等手段不断突破传统束缚,开辟新的
发展路径(罗良才等,2024)。为了实现这一理念,油公司应持续加大
科研投入,鼓励技术创新与研发,不断突破技术瓶颈,提升勘探开发
效率;同时,积极拥抱数字化转型,利用大数据、人工智能等先进技

术优化生产流程,提升管理效能,确保油公司在激烈的市场竞争中保持领先地位。在技术创新方面,油公司应致力于研发和应用先进的勘探开发技术,提高油气资源的发现率和开采效率;在管理创新方面,油公司要积极引入现代管理理念和方法,优化内部管理流程,提升运营效率;在模式创新方面,油公司应勇于探索新的商业模式和市场机会,以灵活多变的方式应对市场挑战。创新驱动的定义就是不断追求技术进步和管理优化,为公司发展提供不竭的动力。

绿色发展是油公司全方位战略规划中不可或缺的重要方面,强调在追求经济效益的同时必须高度重视环境保护和可持续发展(沈泽宏,2023)。绿色发展要求油公司在生产经营过程中,采用清洁生产技术,减少污染物排放,加强生态修复和环境保护工作;同时积极推动绿色低碳的能源发展模式,优化能源消费结构,提高能源利用效率。绿色发展的定义就是实现经济效益、社会效益和环境效益的协调统一,推动油公司向更加环保、可持续的方向发展。

稳健运营是油公司战略规划中保障公司长期健康发展的关键所在,强调在复杂多变的市场环境中保持清醒的头脑和稳健的步伐,确保生产经营活动的稳定进行(张旭,2024)。稳健运营要求油公司建立健全风险防控机制,对潜在风险进行全面识别、评估和控制,同时注重优化资源配置,提高运营效率和管理水平。稳健运营的定义就是在确保油公司安全稳定运营的基础上,实现经济效益的最大化和社会责任的履行。

共创共享是油公司战略规划中体现社会责任和共赢发展的重要理念,强调在公司发展过程中注重与股东、员工、客户以及社会各界建立和谐共赢的合作关系,通过共同创造价值实现利益共享(王清刚,2024)。共创共享要求油公司积极履行社会责任,参与社会公益事业;关注员工成长与发展,提供多样化的培训和发展机会;在与客户合作时,致力于提供优质的产品和服务满足客户需求。共创共享的定义就是通过建立广泛的合作关系和利益共享机制,推动公司与社会各界的共同发展繁荣。

3.1.2　资源与能力相协调的理念

资源与能力相协调的理念是指导油公司在其运营和发展过程中有效整合、管理和利用内部资源与外部资源,以确保这些资源与公司自身的能力相匹配,从而实现公司战略目标的一种管理哲学和指导思想(李美娜等,2024)。这一理念要求油公司优化资源配置,根据战略目标和业务需求合理配置各类资源,确保关键领域和重点项目得到充分的资源支持;不断提升公司的核心能力,确保这些能力与所拥有的资源相匹配,以充分发挥资源的作用;建立动态调整机制,根据市场环境和技术的变化及时调整资源配置和能力提升策略。

油公司需要通过以下途径树立资源与能力相协调的理念:

第一,加强资源整合与协同。油公司应积极推动内部资源的整合与协同,提高资源利用效率,通过跨部门、跨领域的合作实现资源共享和优势互补,促进技术创新和产业升级。同时,油公司还应注重与外部资源的合作,如与科研机构、高校等建立长期合作关系,共同研发新技术、新产品。

第二,重视人才培养与引进。人才是油公司最重要的资源之一(马洁,2024)。油公司应树立"人才是第一资源"的理念,加大人才培养和引进力度,通过完善人才培训体系、优化人才激励机制、营造良好的工作氛围等措施,吸引和留住优秀人才,为公司的发展提供坚实的人才保障。

第三,注重技术创新与研发。技术创新是油公司提升竞争力的关键(徐淑珍,2019)。油公司应加大研发投入,建立健全技术创新体系,鼓励员工参与技术创新活动,通过引进先进技术、消化吸收再创新等方式,不断提升技术水平和创新能力,为公司的可持续发展提供强有力的技术支撑。

第四,强化市场适应能力。油公司应密切关注市场动态和客户需求变化,及时调整市场策略和产品结构,通过建立灵敏的市场反应机制和高效的决策体系,确保公司快速适应市场变化,抓住市场机遇,实现快速发展。

3.1.3 持续改善的目标导向理念

持续改善指连续的、持续进行的改善。持续改善要求油公司立足战略发展目标,建立长远规划,并非一蹴而就地实现目标(李荣耀,2024)。在不断变化的市场环境和竞争压力下,油公司需要不断优化产品和服务,提升管理效率和运营水平,以适应市场需求的变化,实现油公司的可持续发展。油公司要实施战略管理,首先要确定战略目标。为达到既定的战略目标,通常需要实施战略成本管理,将成本信息的分析与利用贯穿于整个战略循环之中(陈旭等,2021)。油公司管理以油藏经营为主体,而油藏经营管理的目标就是在最大限度地减少投资和生产成本的同时,优化资本运营和资产管理,从油藏开发中获得最大经济效益,这就要求油公司管理模式突出成本效益观念,以效益为目标导向(卫永刚等,2022)。

为了建立持续改善的目标导向理念,油公司需要将持续改善确立为公司的核心价值观之一,明确其在公司战略和发展中的重要性,通过高层领导的宣讲、内部宣传材料的发布以及日常工作中的实践,让全体员工深刻理解持续改善的意义和价值,形成共识。同时,油公司应基于自身的发展战略和市场环境,制定清晰、可量化的持续改善目标。这些目标应覆盖公司的各个方面,如生产效率、产品质量、成本控制、安全环保等,并设定具体的时间表和里程碑。此外,目标还应具有挑战性,能够激发员工的积极性和创造力。

为了有效推进持续改善工作,油公司需要建立一套完善的持续改进管理体系。这包括设立专门的改善机构或团队,负责统筹协调公司的改善活动;制定改善流程和方法,如 PDCA(plan-do-check-act)循环、六西格玛等;建立改善项目管理制度,确保改善项目的有效实施和跟踪。

文化是持续改善的推动力量(李小锋,2024)。油公司应努力营造一种鼓励创新、勇于尝试、持续学习的文化氛围。通过举办改善竞赛、分享会等活动,激发员工的创新思维和创造力;通过树立改善典型和表彰优秀改善成果,增强员工的成就感和归属感;通过加强内部沟通和协作,促进知识共享和团队合作。

员工是持续改善的主体(徐嘉,2025)。油公司应重视员工培训和能力建设,提高员工的专业技能和综合素质。通过定期举办培训课程、邀请专家讲座、组织参观学习等方式,拓宽员工的视野和知识面;通过实践锻炼和岗位轮换等方式,提升员工的实践能力和解决问题的能力。全员参与是持续改善的关键(王伟华,2024)。油公司应鼓励每个员工都积极参与到持续改善中来,提出改善建议、参与改善项目或者在日常工作中实践改善方法。同时,公司应建立自主改善机制,让员工能够根据自己的岗位特点和工作经验自主开展改善活动,实现个人价值与公司发展的双赢。

数据是持续改善的基石(刘畅,2025)。油公司应建立完善的数据收集和分析体系,及时收集生产、质量、安全等方面的数据,并运用统计方法进行分析。通过数据分析,发现潜在的问题和改进点,为持续改善提供科学依据。同时,建立绩效评估机制,将改善成果与员工的绩效挂钩,激励员工积极参与持续改善活动。

3.1.4　价值创造的企业文化理念

价值创造的企业文化理念是油公司价值管理的重要组成部分(齐建民等,2019)。这种理念强调企业文化在价值管理中的重要性,要求油公司树立积极向上、勇于创新的企业文化,激发员工的工作热情和创造力。价值创造的企业文化理念在油公司的价值管理中具有重要意义,是推动油公司发展和提升竞争力的重要保障(李明,2023)。价值创造的企业文化理念是企业在长期发展过程中形成的以价值创造为核心的企业文化体系,涵盖了企业的使命、愿景、核心价值观、经营哲学等多个方面,是企业内部员工共同认可并遵守的行为规范和价值标准。这种文化理念不仅指导着企业的日常运营和决策制定,还深刻影响着企业的品牌形象和市场竞争力。

为建立价值创造的企业文化理念,确保该理念深入人心,并成为持续发展的动力,油公司往往需要执行一系列策略。

首先,油公司需要清晰地定义其愿景和使命。愿景应描绘出油公司希望达到的长期目标,使命则应阐述油公司为什么存在,以及如何为社会和行业创造价值。这些定义应成为企业文化理念的基石。基于愿景和使命,油公司应提炼出能够体现价值创造精神的核心价值观。这些价值观应具体、可操作,能够指导员工在日常工作中的行为和决策(乔冠男等,2024)。油公司应将核心价值观与企业的其他文化元素相结合,构建一个完整的文化理念体系。这个体系应全面覆盖企业的各个方面,从战略规划到日常运营,从内部管理到外部关系,都体现出价值创造的理念。

　　其次,高层领导是企业文化的重要塑造者和传播者,需要通过自己的言行举止率先垂范,展现出对价值创造理念的坚定信念和执着追求(王凤青,2024)。高层领导还需要积极参与企业文化的建设和传播工作,确保这一理念能够在全公司范围内得到有效推广。

　　再次,企业文化的建设不是高层领导单方面的事情,而是需要全体员工的共同参与和努力(王宏,2024)。油公司应通过各种渠道和方式,让员工了解并认同价值创造的企业文化理念,通过培训、宣传、交流等活动增强员工对文化理念的认知和认同感,形成共识。

　　最后,为了确保价值创造的企业文化理念得到有效执行,油公司需要将其融入各项制度和流程中,并建立定期评估机制,对文化建设的进展和效果进行评估(辛艳林,2024)。油公司还需要根据评估结果及时调整和完善文化理念体系及其执行措施,确保企业文化与时俱进、不断创新。

3.2　油公司业财深度融合赋能价值管理的基础理论

3.2.1　价值管理理论

1)价值管理的内涵

　　价值管理(value based management, VBM)是一种基于价值的企业管理方法。该理论认为,处于资本市场的公司通常不应只关注会计利润,还要关注企业价值(唐勇军,2007)。价值管理的目标是创造价值,即实现企业价值的增长。价值管理的三个要素是创造价值、管理价值和衡量价值,以企业价值最大化为根本目标,重视现金流量和资本成本,重视企业的可持续发展能力。价值管理在于如何量化价值、管理价值,最后产生价值(伍洋,2019)。企业的价值管理建立在经营成果能够可靠衡量的基础之上,如果企业的经营成果不可衡量,那么价值管理也就没有了依据。企业的价值是综合企业治理、文化等各个方面的体现,单纯实现作为企业核心利益相关者的股东价值的最大化并不是价值管理的核心。价值管理的目的在于能够为企业这个利益集合体创造价值,在创造价值的同时注重企业的可持续发展。

价值管理是一项综合的系统性工程,需要把环境变化、价值链、信息技术等有机地结合起来,通过对外部行业环境的判断和企业内部价值链构成的梳理,分析真正创造价值的经营活动,在关键环节上增强核心竞争力,提升市场竞争优势。价值管理"以过程为导向",实施企业价值管理必须始终围绕企业价值最大化的终极目标,涵盖企业的长期发展战略,围绕主要的价值驱动因素对企业组织的战略和业务决策加以优化,以提升企业价值。

2)价值管理体系

企业价值管理体系以企业价值最大化为核心目标,基于收益与风险平衡的价值评估原理,强调财务分析技术与决策模型的量化管理方法。该体系全面对接企业发展战略,并以战略实施为基础,优化企业组织体系,分析并驱动企业价值增长因素,通过预算体系使战略落地,以战略规划的实施推动价值创造与增长。同时,该体系运用绩效评价机制激励管理者和员工追求企业价值最大化,并辅以风险控制措施,确保战略的有效执行。企业价值管理体系具体如图3-1 所示。

具体来说,企业价值管理体系主要包括以下内容:

(1)价值组织与流程:公司治理、战略经营单位与业务流程。

公司治理、组织结构是为价值目标服务的,是价值目标和战略

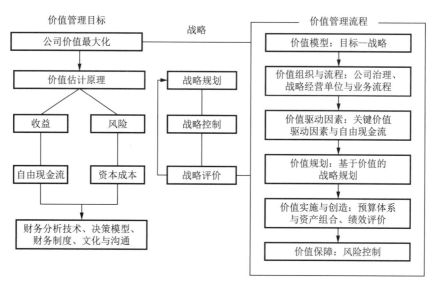

图 3-1　企业价值管理体系

实施的支持和保障,基本要求是与企业的目标和战略相匹配,首要功能是为价值增长目标提供一个协调的机制和运行环境,并且随着目标、战略的调整进行必要的调整。

进行价值分析时需要注意,公司治理、组织结构与企业价值密切相关。此外,对战略经营单位的有效监控能够提升企业管理效率,可为企业的价值创造提供有效支持。对于战略经营单位来说,必须有明确的价值创造战略,应该明确与价值驱动因素紧密相关的指标。

业务流程是实现价值增长的基础,包括财务治理和企业内部垂直一体化层级结构。为了识别、评估和降低风险,应制定全企业综合的业务过程标准和政策,由此形成责任明晰的责任中心,对于引导组织上下共同趋向价值最大化有重要作用。

(2)价值驱动因素:关键价值驱动因素与自由现金流。

对价值链的分析不仅可以促进战略计划和预算研制,还可以梳理企业的业务流程和组织体系,明晰企业的关键价值驱动因素。

关键价值驱动因素是指影响或推动价值创造的决策变量(赵靖,2025)。与关键价值驱动因素相关的标准叫作关键绩效指标。价值管理的任务是将企业战略目标、分析技术和管理程序结合在一起,寻求和挖掘关键价值驱动因素并使之工具化和制度化,以使管理者和员工理解价值的形成过程,把握实现企业价值最大化目标的具体方法。

确定关键价值驱动因素有以下几点要求:关键价值驱动因素应与整个企业的价值创造直接联系起来,并以自由现金流的增长作为核心衡量标准;企业从关键价值驱动因素的角度确定价值化指标,对战略化指标进行划分,以确保其与自由现金流的提升保持一致;企业总部应有总部的关键价值驱动因素,以优化资本配置和现金流管理,每个业务单位应有各自的关键价值驱动因素和关键绩效指标,以提升自由现金流水平和盈利能力;应在时间和空间维度上保持关键价值驱动因素的平衡,并综合考虑各因素之间的相互作用,以实现企业整体价值的持续增长。

(3)价值规划:基于价值的战略规划。

价值管理模式是企业从价值最大化目标出发,根据企业战略目标,如更大的市场份额、更低的产品成本、可观的现金流量、收益的稳定程度等建立合理的战略规划(李鹏等,2020)。在制定战略规划的过程中,应充分考虑资源的可获得性、预计或潜在的收益及收益的时间分布与发展战略的内在风险等。

(4)价值实施与创造:预算体系与资产组合、绩效评价。

全面预算管理就是通过价值驱动因素来进行资源配置管理,是确保企业战略实现的实施方案与保障体系,是涉及企业各方面的目标责任体系,也是整合企业物流、资金流、信息流和人力资源流的必要经营机制。

价值的实现过程中包含了所有与企业价值创造相关联的资产，这些资产包括有形资产与无形资产、人力资源、信息资源、组织与文化、客户与供应商等。价值实施的任务之一就是对企业的这些资产进行组合，通过资产组合和流程运作，发挥资产的最大效益，进而创造价值。

绩效评价的功能在于衡量企业价值最大化的实现程度，并将其具体体现为企业的战略规划、管理重点和关键价值指标，以此形成具有战略性、整体性和行为导向性的"战略绩效测量指标体系"，为企业决策提供标杆。有效的绩效评价可反映经营者、管理者、员工等对实现企业目标所做的贡献，并据以决定奖惩，作为公平的价值分享政策及薪酬计划的前提。

（5）价值保障：风险控制。

价值管理必须面对企业价值创造过程中的各种风险，包括系统性风险和非系统性风险。价值管理力图建立全方位的风险控制体系、多元的监控措施和顺序递进的多道安全保障防线，采取具体的、可操作的风险控制方式。

3.2.2　业财融合理论

1）业财融合概述

Valiris 等（1999）提出，企业应该改进劳动分配和职能管理模式，将业务和财务结合在一起，并在客户导向和组织管理中融入信息化技术，以此为基础构建业务和财务相互协同的运行平台，将企业在竞争环境中遇到的突发问题转化为可预见问题；同时，企业要不断地对经营理念进行革新，通过业务与财务信息的有效沟通来实现考核标准的统一。陈立云（2022）指出，业财融合是企业内部财务与业务信息共享、积极联动、互为依托、综合管理的一种模式,具有复合性、实时性、可行性,借助财务管理对业务信息进行处理,转化为企业战略实施、决策、调控的依据,从而实现企业的高质量发展。

业财融合实现了企业业务和财务的一体化。在业务开展的过程中,相关财务人员可以及时地获取业务的相关信息,并伴随形成企业信息流。在实施业财融合之后,信息流中的业务和财务数据将结合在一起,使企业的实际财务状况得到更加真实的展现(张月凤,2024)。

从广义上理解,业财融合就是将公司发展的各项业务与财务进行融合,即企业的业务部门与财务部门强强联手,会计人员参与到业务活动当中,实现决策的有效制定和监督,而业务人员要参照财务数据分析进行业务规划,两者齐心协力,共同推动企业的价值创造活动(吴晶晶,2018)。企业应基于同一价值管理目标搭建起信息数据平台,实现信息共享和各部门的互动协作,使得财务能够管控并支持业务的发展。

从狭义上理解,业财融合就是不断提高企业业务人员与财务人员的综合素质,培育出兼具财务管理知识与业务经验的专业人员,促进业财融合发展;管理层在选择会计政策时充分考虑到企业的经营业务情况,在制定业务发展规划时也依据财务数据的分析,以此促进业财融合发展,进一步提升企业的价值创造水平(彭向荣,2024)。业财融合要求管理层对业务规划进行长远务实的分析,以推进企业的有序发展,这有利于降低财务风险和经营风险,提升企业的价值管理水平与业务经营水平。

业财融合具有三大特点:首先,业财融合具有协作性,业财融合要求财务部门和业务部门协同目标、相互沟通,实现企业价值最大化总目标;其次,业财融合具有全局性,业财融合涉及整个企业的职能范围,影响企业整体发展,推动企业整体价值提升;最后,业财融合具有过程性,业财融合并不是一步到位的,而是需要从上到下多流程地普及渗透,是一个复杂多样的过程。

2)业财融合下的财务管理体系

业财融合的具体实施主要依赖于财务管理体系的运行。在业财融合的影响下,现代财务管理体系分为目标层、内容层、架构层和基础保障层四层(图 3-2)。这四层互相影响,推动着财务管理体系的运行。

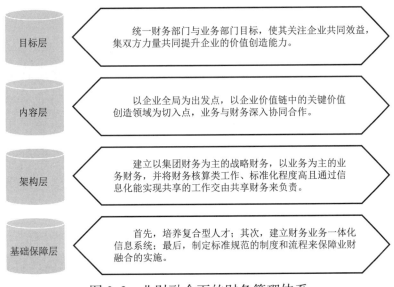

目标层	统一财务部门与业务部门目标,使其关注企业共同效益,集双方力量共同提升企业的价值创造能力。
内容层	以企业全局为出发点,以企业价值链中的关键价值创造领域为切入点,业务与财务深入协同合作。
架构层	建立以集团财务为主的战略财务,以业务为主的业务财务,并将财务核算类工作、标准化程度高且通过信息化能实现共享的工作交由共享财务来负责。
基础保障层	首先,培养复合型人才;其次,建立财务业务一体化信息系统;最后,制定标准规范的制度和流程来保障业财融合的实施。

图 3-2 业财融合下的财务管理体系

3)业财融合下的财务职能变化

财务职能不是一成不变的,随着时代和技术的发展,财务职能也会不断地发生变化(吴凡,2024)。图 3-3 展示了财务在企业中角色定位的演变。财务事项大致分为决策支持(价值整合)、报表编制、管理控制以及交易业务处理四类,在传统财务职能向现代财务职能

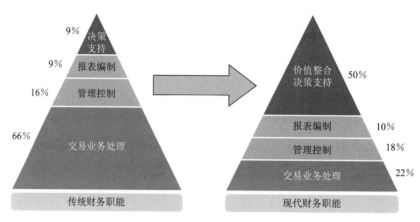

图 3-3　企业中财务角色定位的演变

演变的进程中,各项财务事务的占比发生了变化。

　　根据2010年IBM的财务调研报告,现代CFO更倾向于作为"全新的价值整合者",即协助企业作出高质量决策的财务工作者。在业财融合的趋势下,价值整合型财务需具备财务效率与业务洞察力两大核心技能,以提升业务处理效率并精准支持业务决策。财务效率聚焦于简化财务流程、促进业务整合,通过标准化数据处理与通用流程设计降低内部协调成本,加速财务业务处理速度。业务洞察力则要求财务人员对商业活动与业务具有敏锐的洞察力,能够在财务管理的过程中及时发现机遇、调整策略,为企业创造价值。财务组织依据其在财务效率与业务洞察力上的表现,可划分为四类:记分员(占比33%),专注于基础记录与报告;操作员(占比32%),擅长高效执行与流程优化;顾问(占比12%),提供有限的专业建议与业务支持;价值整合者(占比23%),集高效运营能力与深刻业务洞察力于一身,引领财务创新与价值创造。财务组织类型的具体分布如图 3-4 所示。

　　在我国的企业中,顾问与价值整合者占比较低,因此,促使财务人员向价值整合型转型、增强其对业务的全面把控能力成为当务之

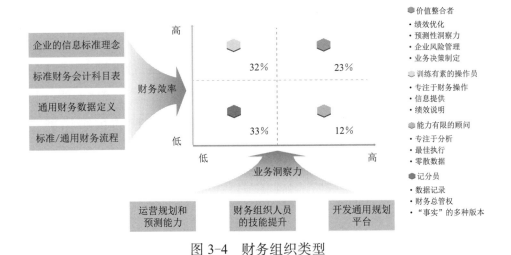

图 3-4　财务组织类型

急。价值整合型财务不仅需精通财务核心工作,还需在企业应对不确定性和战略决策中发挥关键作用。IBM 的调研报告显示,价值整合型财务在预算管理、成本控制、税务筹划、风险管理、资金运作、财务分析、战略规划、业务伙伴关系及创新引领九大财务活动领域均成效显著,为企业价值创造与可持续发展奠定了坚实基础。

价值整合型财务的作用首先体现在可以实现企业内部各种信息的整合。企业处在不断变化的商业环境中,为满足企业控制风险的要求,也为了实现业务流程的优化,财务人员需要整合来自各方的信息,并从中提取出有用的信息。其次,在企业制定决策时,价值整合型财务能够利用自己对风险全面把控的能力,为企业提供安全决策。最后,价值整合型财务关联着企业的各个部门,可以通过分解相关经营指标,实现对企业运营过程的监控。

3.2.3　战略成本管理理论

1)战略成本管理的内涵与特征

随着战略管理理论与方法在企业管理实践中的日益深入应用,

传统成本管理系统面临着适应性变革的迫切需求。这种变革旨在使成本管理更加契合企业战略发展的需要,其基本出发点可以归纳为以下几个方面:① 拓宽成本管理的空间范围。传统成本管理往往局限于企业内部的生产经营活动,主要关注对产品制造成本的控制。而在战略管理视角下,成本管理需要突破这一局限,将视野拓展至企业外部。这意味着不仅要关注上游供应商的成本结构、下游客户的价值需求,还要考虑竞争对手的成本策略以及整个行业价值链的成本分布。通过这种空间上的延伸,企业能够更全面地识别成本驱动因素,优化成本结构,增强市场竞争力。② 拓宽成本管理的时间范围。传统成本管理多聚焦于短期内的成本控制和效率提升,缺乏对未来成本趋势的预判和规划。而战略管理要求成本管理必须具备长远眼光,将时间跨度从日常经营管理的层次提升至战略管理层次。这要求企业不仅关注当前的成本状况,而且预测和分析未来成本变动的趋势,为企业的战略决策提供有力的成本信息支持。通过构建长期成本规划机制,企业可以更加灵活地应对市场变化,实现成本效益的最大化。③ 创新成本管理的方法和手段。为了适应战略管理对成本信息的高要求,传统成本管理的方法和手段也需要进行创新。一方面,要引入先进的成本管理理念和技术,如作业成本法、目标成本法、战略成本管理等,以提高成本信息的准确性和相关性;另一方面,要充分利用现代信息技术手段,如大数据、云计算、人工智能等,实现成本数据的实时采集、处理和分析,提高成本管理的效率和精准度。通过这些方法和手段的创新,企业可以更加精准地把握成本变动规律,为战略决策提供更为科学、合理的成本信息支持。

关于战略成本管理,理论界自 20 世纪 80 年代起开始深入探讨,尽管对其必要性和紧迫性的认识已达成一致,但在定义上仍存在分歧。美国管理会计学者桑克(Shank)等人将其简化为在战略管理阶段中对成本信息的运用。我国学者则提出了多种见解:其一,从管理会计职能出发,认为战略成本管理是通过提供企业与竞争对手的分析资料,辅助管理者制定和评价战略,以增强企业的竞争力和适应性(董雪慧,2019)。其二,强调其过程性和系统性,指出战略成本管理涵盖战略环境分析、规划、实施及业绩评价等多个环节,旨在通过有效管理成本来支持企业战略的实现(王阳阳,2019)。其三,部分学者将战略成本管理视为一种考虑企业竞争地位的成本管理活动,强调其在提升企业市场竞争力中的作用(杜明峰,2022)。其四,部分学者将战略成本管理目标定位于获得和保持企业的持久竞争优势,认为战略成本管理是通过深入的成本分析与管理来实现的(崔婉蓉,2024)。

因此,界定战略成本管理的内涵需从多个维度考量:首先,战略成本管理的兴起根植于企业战略管理的深层需求,其理论体系与操作方法并非孤立存在,而是紧密嵌入战略管理的框架内,形成一种动态的信息循环机制,使得成本信息在战略的制定、执行、评估及调整过程中发挥核心作用。其次,战略成本管理的目标不再局限于成本的最小化,而是致力于成为企业战略决策的智囊团。它通过深入挖掘成本背后的战略意义,为企业在关键决策点上提供高价值的成本洞察,助力企业塑造独特的竞争优势,并推动战略目标的顺利达成。在此过程中,战略成本管理还致力于营造一个有利于成本持续优化与控制的环境。最后,战略成本管理并非对传统战术成本管理的全盘否定,而是进行了战略性的升华与拓展。随着市场环境的日益复杂多变,企业成本管理必须跳出传统的框架束缚,以更加广阔的视野和前瞻性的思维来审视和应对挑战。战略成本管理的出现正是对这一趋势的积极响应,它吸收了传统战术成本管理的精髓,并融入了战略管理的先进理念与方法,形成了一套全新的成本管理模式。

战略成本管理的精髓在于超越传统成本管理的范畴,将成本视为战略决策的基石。它不再只关注成本的控制与降低,而是深入探索成本信息如何为企业战略选择提供导航(侯新等,2025)。在这一过程中,战略成本管理创造性地融合了战略思维与成本管理实践,形成了一种全新的管理范式。实施战略成本管理就是将成本管理活动提升至企业战略层面,从全局视角审视企业及其合作伙伴的成本结构与动态。这要求企业不仅深入分析内部的成本构成与变化,还洞察外部市场、竞争对手及供应链伙伴的成本状况,以此为基础,为企业的战略规划、执行与调整提供精准、前瞻的成本洞察。

基于上述逻辑分析,战略成本管理的内涵可以精炼地表述为:它聚焦于如何运用成本信息来指导战略选择,并在不同的战略框架下高效组织成本管理活动。实施战略成本管理意味着将成本管理的视角提升至战略高度,不局限于企业内部,而是扩展到整个战略生态系统中,深入分析企业及其关联方的成本动态与结构,旨在为企业的战略决策提供全面、深入的成本信息服务。这一过程不仅增强了成本管理的战略导向性,也促进了企业整体战略目标的实现(吴君民等,2012)。

基于传统成本管理的基石,战略成本管理应运而生,以适应不断变化的竞争环境及战略管理的需求。在多个维度上,战略成本管理展现出了其独特的、区别于传统成本管理的特征。首先,战略成本管理展现出一种跨越时间的深远视角,即长期性特征。它不局限于短期的成本控制与效率提升,而是将目光投向企业的长远发展,强调战略思维与全局观念的融入(蔡鸣,2022)。这种长期性不仅体现在对成本管理的持续规划与优化上,更体现在对企业未来成本趋势的预判与应对上。其次,战略成本管理具备显著的外延性特征,它突破了企业内部的界限,将关注的目光投向了更广阔的外部环境,包括市场环境、行业趋势、竞争对手的动态以及供应链伙伴的成本状况等(郝丽曼,2024)。通过深入分析这些外部因素,战略成本管理能够为企业制定更加精准、有效的成本策略,从而在市场竞争中占据有利地位。再次,战略成本管理的动态性特征也是其与传统成本管理的重要区别。战略成本管理认识到企业处于不断变化的生命周期之中,不同阶段面临着不同的挑战与机遇,因此强调根据企业生命周期的不同阶段灵活调整成本管理策略,以适应外部环境的变化和企业内部发展的需要(叶李雯,2022)。最后,战略成本管理还注重成本管理文化的塑造,这一特征体现了其个性化与深层次的影响力(李丽艳,2023)。通过培育一种积极向上的成本管理文化,企业能够激发员工对成本管理的认同与参与,形成全员关注成本、共同管理成本的良好氛围。这种文化氛围的塑造不仅有助于提升成本管理的效果与效率,还能够为企业的长期发展奠定坚实的文化基础。

2)战略成本管理的内容

战略成本管理的核心在于战略性成本信息的精准供给与高效分析,用以强化竞争优势,即在提升企业竞争能力的过程中,战略成本管理须确保成本信息有效支撑战略决策,并灵活调整成本管理策略(李静,2022)。对于如何在提升企业竞争能力的基础上推行战略成本管理,目前国内外众多学者较为认同的是美国管理会计学者桑克等在《创造竞争优势的新工具——战略成本管理》中提出的战略成本管理模式。桑克模式根植于美国哈佛大学教授波特(Porter)《竞争优势》的理论土壤,通过集成多样化分析工具,为企业成本管理提

供战略洞察,助力企业优化成本结构,强化市场竞争力。其核心的战略分析工具涵盖:

(1)战略价值链分析。此分析聚焦于行业价值链的全面审视,旨在明确企业市场定位及行业趋势,通过细化上下游价值链探索,发掘成本削减的新路径;自我价值链的深度分析可助力剔除非增值环节,实现成本效益最大化;竞争对手价值链的对比分析为企业策略调整提供宝贵洞察,促进优势互补。

(2)战略定位分析。战略定位聚焦于企业在市场中的竞争策略选择,通过详尽的内外环境评估,明确行业与市场进入点。在行业维度上,精准定位企业所属领域;在市场维度上,明确产品开发方向。随后,制定具有针对性的竞争战略,确保企业在既定领域内稳固地位,超越对手,实现超额收益。

(3)战略成本动因分析。与传统的以产量为单一成本驱动因素不同,战略成本动因分析采用更为广阔的视角,将成本动因细分为结构性、执行性及作业性三个层次,分别对应企业宏观、中观与微观层面的成本影响。宏观层面涉及投资规模、一体化策略、经验积累、技术创新及业务多样性等,中观层面则涵盖员工凝聚力、质量管理、产能利用、布局优化、产品结构及供应链整合等。这些深层次动因对成本的影响更为深远且持久,因此在战略成本管理中需给予高度重视。相对而言,微观层面的成本动因属于战术成本动因,即作业成本动因。作业成本动因(activity cost drivers)是指影响企业特定作业成本发生的因素,通常与业务流程和运营效率密切相关,反映了资源消耗与作业活动之间的关系,主要包括作业执行次数、作业持续时间、生产批次、机器工时、人工工时等。

上述战略成本管理的三大分析工具紧密相连,内在逻辑严密,共同构成了一个不可分割的体系。战略成本管理实施的步骤:企业首先从战略视角剖析成本来源,洞悉产品成本结构,为后续行动奠定基础;随后,在行业、市场及产品三个维度上进行精准定位分析,明确应采取成本领先抑或产品差异化策略,以此为导向确定成本管理的核心路径;在企业的竞争策略确定后,成本动因分析便成为关键,此阶段旨在战略层面深挖成本驱动因素,探索成本降低的崭新途径,确保成本管理策略与整体竞争战略紧密契合。战略价值链分析作为核心引擎,引领战略定位分析与战略成本动因分析两大工具协同作用,三者相辅相成,共同编织成一张紧密相连的战略网络。

3.2.4　油藏经营管理理论

1)油藏经营管理的含义及特征

油藏经营管理聚焦于特定油田或区块,以油藏管理部门为主导,集结物探、地质学、油藏工程、采油技术、采油工艺、地面设施建设及经济评估等多领域专家,构建跨学科协作团队(李强,2018)。该模式强调综合集成的工作方法,通过深度研究与策略制定,高效整合各类资源。其核心目标在于,在严格控制投资与生产成本的前提下,优化资本配置与资产管理策略,进而加速采油进程,提升采收效率,最终实现油藏开发经济效益的最大化。这一过程不仅关注技术层面的优化,还融入了经济分析与决策,确保油藏经营管理的全面与高效。

油藏经营管理理念诞生于 20 世纪 70 年代,彼时,一些规模较小的国际石油公司由于在市场中的竞争力有限,往往只能接手开发潜力相对较小的油田。为了提升盈利能力和资源回收效率,这些公司创新性地提出了"油藏管理"的概念,旨在资源有限的条件下,通过运用多样化的高效策略与手段实现经济效益的优化和采收率的显著提升。随着技术的不断进步,新兴的油藏描述技术被巧妙地融入传统的油藏工程技术之中,这一融合在油田开发中取得了显著成效,标志着油藏管理实践步入了早期的辉煌阶段。

油田的开发具有整体性、连续性和长期性的特点。一个油田从勘探确认、启动开发直至可采储量全面耗尽,往往历经数十载乃至百年的漫长历程。在此期间,持续不断的数据资料收集与分析成为深化油藏认知的关键。基于详尽的开发分析,适时调整开发策略并实施高效的采收率提升措施,是确保油田长期效益最大化的核心。如图 3-5 所示,油藏经营管理并非局限于单一的开发或调整方案,而是构建了一套贯穿油田全生命周期的综合开采策略。这一策略始于油田的初步发现,终于油田的最终废弃,全面覆盖油田开发的每一个重要阶段,确保油藏资源得到最合理的开发与利用。

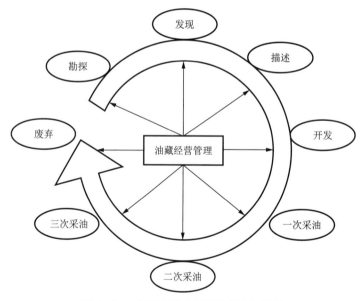

图 3-5　油藏寿命周期阶段示意图

油藏经营管理秉持系统工程与技术经济并重的理念,将油藏描述、油藏工程、开发规划、动态监测、油藏管理及经济效益评估等关键环节视为一个紧密相连的整体(胥卫平等,2012)。它着重于地质与工程领域的深度协同,旨在通过制定并执行优化的油田开发策略,为油藏地质特征的深入研究、储层性能的精准评价、储量计算的准确性提升、数值模拟技术的应用、开发方案的合理规划以及潜在风险的全面分析提供强有力的工具与坚实的基础。这一过程不仅促进了油藏资源的科学开发与高效利用,还确保了油田开发项目的经济可行性与长期竞争力。

影响油藏经营管理的基本要素有:

(1)社会政治经济环境是油藏经营的重要外部条件,涵盖社会政治稳定状况、经济政策导向、产业规划、能源安全策略及环保规定等多个方面。同时,石油市场的供需动态、投资趋势及装备技术也对其产生深远影响。此外,社会各界对石油工业及油藏经营管理的普遍观念与期望也是不可忽视的考量因素。

(2)技术实力是油藏经营成功的基石,其核心在于数据的质量与可靠性,以及先进技术和工具的有效应用。同时,高素质的人才队伍与深厚的专业技术底蕴也是不可或缺的关键要素。这些因素共同构成了油藏经营的技术支撑体系。

(3)油藏信息是制定油藏经营目标的重要依据,涉及地质结构、岩石与流体特性、流体流动规律、开采机制以及生产历史等多个方面。这些数据的管理需经过周密的规划、采集、分析及验证过程,并依赖于数据库的建立与维护。随着油田开发的持续推进,新信息的不断涌现将验证、更新并深化人们对油气藏的认识,因此实现地质与工程数据的动态管理,以及对静态和动态数据的综合分析,对于油藏经营管理至关重要。

(4)资源管理涵盖人力、技术、经济及油藏信息等关键资源。优秀的资源管理应实现三个核心要素的和谐统一:一是集成化,即地质、工程、人员、技术、工具及数据信息的全面整合与共享;二是协同化,强调现代油藏管理组织的扁平化结构与多学科团队的紧密协作;三是高效化,依托先进的数据库与信息系统,结合员工的责任感与诚信精神,推动油藏经营管理的持续优化与提升。

油田的开发是一个复杂而系统的过程,其特点鲜明地体现在整体性、连续性和长期性三个方面。为了确保油田的经济高效开发,必须在整个开发周期内对各类关键资源——人力资源、技术资源以及数据信息等——实施全面而精细的管理。这种管理旨在实现资源的深度集成与运作流程的高度协同,以支撑油田开发的持续进行与效益最大化。一般认为,油藏经营管理具有如下特征:

(1)系统性。油藏经营管理构成了一个复杂的系统体系,其中人力资源、财务资源、物资供应、技术实力及数据信息等要素相互交织、彼此影响,共同构建了一个旨在实现系统整体优化的有机框架。该系统不仅内部各要素间紧密相连,还紧密关联并适应着外部环境的变化,展现出高度的环境适应性与灵活性。

(2)动态性。油藏经营管理自油田勘探发现之初便贯穿了边界勘探、开发、初次采油、二次采油、三次采油直至最终废弃的全过程,展现出时间上的连续性与持久性。在依据当前资料制订并实施计划的同时,油藏经营管理还强调对实施过程的持续监督与动态调整,根据实际效果不断完善计划,确保经营管理的连续性与动态适应性,而非仅局限于某一阶段或保持静态不变。

(3)协同化。油藏经营管理倡导组织结构的扁平化及多学科团队的紧密协作,旨在通过减少管理层级、增强信息流通与共享,提升决策效率与执行力。同时,多学科协同作为油藏经营管理的核心策略,鼓励不同领域专家间的深入交流与合作,确保在制定决策时能够全面考虑各种因素,更加贴近地下实际情况,实现"整体大于部分之和"的协同效果。

（4）集成化。油藏经营管理是融合人员智慧、先进技术、高效工具与精准数据的综合性管理体系。为促进跨学科间的深度交流与合作，应实施交叉培训策略，使每位成员都能掌握油藏经营管理的全面知识、技术工具及其应用方法，从而增强团队协作的默契与效率。

2）油藏经营管理的阶段与内容

油藏经营管理是一个贯穿油藏生命周期的全面管理体系，自油藏发现之初便涵盖了开发建设、生产运营直至最终退出等各个阶段。它倡导以集成化的视角和理念对油藏进行系统性、动态性的管理，在这一过程中通过精细规划与高效执行，实现人力资源、财务资源、物资保障、技术实力及信息数据的深度融合与优势互补，确保各项资源要素得到最合理的配置与利用。油藏经营管理几乎涉及油公司的所有经营管理环节和部门，油藏经营管理体制的建立和运行必须要有与之配套的一系列改革措施，包括组织机构、人事管理、资金管理和业绩考核等。

总体上，油藏经营管理主要包括以下几个阶段：

（1）油藏勘探阶段的经营管理。油藏勘探作为油气资源发现的起点，其经营管理聚焦于油藏评估与储量管理，旨在通过精细的油藏评价、成本效益分析及价值评估，推动勘探与开发的无缝衔接，实现油气储量的价值最大化。同时，引入储量内部市场化管理机制，优化资源配置，降低勘探成本，提升勘探活动的整体经济效益。

（2）开发建设阶段的经营管理。在油田的开发建设阶段，经营管理聚焦于方案的精细化研究与优化。通过深入研究开发建设方案，实施项目化管理，可确保投资决策的科学性与合理性，从而最大化投资效益。此外，注重建设过程的效率与成本控制，推动开发建设的顺利进行。

（3）生产阶段的经营管理。在油气生产阶段,经营管理强调生产过程的集约化与成本管理的精细化,通过合理划分油藏经营管理单元,滚动编制并优化管理目标方案,实现生产管理的精细化与高效化。同时,推动投资成本管理的一体化,强化内控管理制度,实施分级管理与模拟油公司运作,将考核奖惩与经济效益、可持续发展指标紧密挂钩,确保油气生产活动的投入产出清晰明确,实现产量、投资、成本、效益与可持续发展"五位一体"的目标。

（4）退出阶段的经营管理。针对低效与无效油藏经营单元,退出策略显得尤为重要。通过全面评估油藏单元的开发状况、经营绩效及经济效益,结合国际油价变动趋势,对接近边际经济效益且改造潜力有限的单元进行政策调整。遵循国家相关政策及油公司相关规定,采取油公司所属母公司的内部租赁或社会买卖等方式,实现油藏经营的有序退出与资源优化配置。

上述各个阶段的油藏经营管理的核心内容涵盖了目标设定、计划编制与执行、过程实施与监控以及成效评估等多个关键环节,如图3-6所示。这些环节相互依存、不可分割,共同构成了整个油藏经营管理成功的基石。在任何一个生机勃勃、持续推进的项目中,随着新数据的不断获取与积累,相应油藏经营管理计划均需进行适时的调整与优化,以确保其始终贴合实际、引领项目向所处阶段既定目标稳步前行。因此,油藏经营管理的各个组成部分之间的紧密协作与动态调整是保障整个油藏经营成功与持续发展的必要条件。

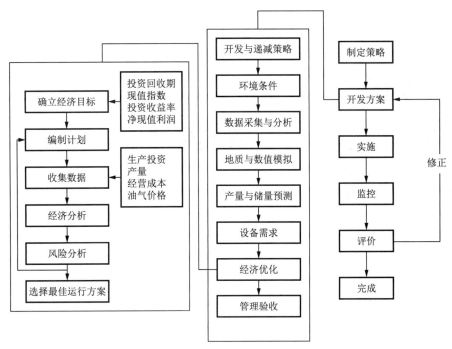

图 3-6 油藏经营管理环节示意图

第4章

油公司业财深度融合赋能价值管理的模式构建

4.1 油公司业财深度融合赋能价值管理的模式构建目标与原则

4.1.1 模式构建目标

1）提升公司价值

价值是判断企业存在意义的标尺，如果一个企业不能展现出任何价值，则不存在实质意义。油公司作为资本密集型和技术密集型企业，其整体价值提升对长期可持续发展至关重要。业财深度融合赋能价值管理将促进油公司价值创造的全面升级，这不仅体现在短期利润的增长上，更体现为长期竞争力的提升与可持续发展能力的增强。通过持续优化成本结构、提升运营效率、强化创新能力，油公司能够在激烈的市场竞争中脱颖而出，实现价值最大化，为股东、员工及社会创造更多价值。

2）助力低质储量开发，实现资源利用的最优化与效益最大化

面对传统高品质油气资源日益枯竭的现状，如何高效开发并转

化低质储量成为油公司可持续发展的关键挑战。业财深度融合通过打破部门间的信息孤岛,实现财务数据与业务数据的无缝对接,为低质储量的经济评估提供了更为全面、准确的数据支持。财务部门能够运用先进的财务分析工具,结合业务部门的勘探开发数据,对低质储量的开采成本、预期收益及风险进行精细化测算,为决策层提供科学合理的投资依据。

4.1.2　模式构建原则

1)战略优先原则

战略优先原则要求业财深度融合赋能价值管理的模式以整体战略为导向,从顶层设计出发,将油公司业务和财务管理有机结合,实现业务的优化和财务效益的提升,从而提升油公司的总体价值。该模式下的各项措施和决策都应符合油公司长期战略决策和管理实践的要求,所有活动和决策必须与油公司的长期战略目标保持一致,确保每一项行动都能支持和推动油公司战略的实现。

2)信息共享原则

油公司业务复杂,涉及多个业务单元和管理层级,传统的部门隔离模式无法满足现代企业管理的需求。信息共享原则要求油公司加强信息共享和协同合作,建立跨部门的信息共享机制,促进业务和财务部门的协同工作,打破信息孤岛,实现数据的全面共享。信息共享和部门协同合作可提升油公司的整体管理效率和决策质量,确保油公司运营的各个环节都能协调一致。

3)系统性原则

系统性原则要求油公司构建一个全面、系统的管理框架,涵盖油公司管理的各个环节和方面,确保业财融合真正赋能油公司价值管理。由于油公司价值管理涉及多个方面,包括战略规划、预算管理、绩效考核、风险控制等,因此只有构建系统性的管理框架,才能够确保业财融合在各个环节和方面的全面实施,形成一个完整的管理闭环,提升油公司的整体管理水平和运营效率,确保业财深度融合赋能价值管理的模式目标达成。

4)风险控制原则

风险控制原则要求业财深度融合赋能价值管理的模式注重风险管理,建立健全内部控制制度,制定全面的风险管理政策,包括风险的评估、防范、监测和应对措施等,加强对业务流程和操作的监督和管理,防范财务风险、市场风险、技术风险、环境风险、政策风险等的发生。同时,该原则还要求油公司加强对各项风险的识别和评估,制定相应的风险应对措施,保障业务质量和风险可控。此外,油公司还要建立完善的监控和报告机制,形成应急预案,定期检查,及时发现并解决问题,随时应对可能出现的安全事件和风险问题。此外,油公司必须提高员工的风险意识,加强培训和教育,让员工了解公司运营过程中的多重风险以及各项防范措施,提升油公司整体的风险应对能力。

5)灵活性原则

灵活性原则要求业财深度融合赋能价值管理模式具备足够的灵活性,能够根据市场环境和油公司内部条件的变化进行动态调整。油公司面临复杂多变的市场环境,包括油价波动、政策变化和技术进步等,必须构建灵活的价值管理模式。这不是一种结论性的管理模式,而是一种过程性的管理模式,以确保油公司在面对外部环境变化时能够迅速调整和优化内部管理和运营策略,保持灵活应变能力和市场竞争力,从而在激烈的市场竞争中立于不败之地。

4.2　油公司业财深度融合赋能价值管理的模式构建体制基础

油公司业财深度融合赋能价值管理的模式构建体制基础即油公司体制。油公司体制是指在市场竞争环境中,以追求价值最大化为目标,以建立健全现代企业制度为基础,按照"市场化运行、项目化管理、社会化服务"原则所形成的以人员队伍精干为外在表现,以体制设置科学、管理运行高效为内涵的油公司运营模式。在这一体制下,油公司可以推行以价值管理为核心的各项制度和管理机制,实现油公司资源的最优配置和高效利用,提升油公司整体价值和市场竞争力。

4.2.1　油公司体制的三大原则

1)市场化运行

市场化运行是油公司体制的核心原则之一。在这一原则下,油公司必须通过市场机制进行资源配置和经营管理,以适应快速变化的市场竞争环境。市场化运行要求油公司以市场需求为导向,及时调整经营策略与生产计划,以满足市场需求和客户要求。同时,油公司需要建立完善的市场信息收集和分析系统,实时掌握市场动态和竞争态势,制定科学的竞争策略和市场营销策略,进一步提高市场占有率和客户满意度。

2)项目化管理

项目化管理是油公司体制三大原则的重要组成部分。由于一些固有的行业特征,油公司的勘探、开发、生产和销售等诸多环节涉及大量的项目管理工作。基于上述情况,项目化管理原则要求油公司建立起贯穿各环节的健全的项目管理体系,包括项目立项、规划、实施、监控和评估等环节,确保每一个项目都按计划推进并高质量地完成。项目化管理原则的核心要求是提高项目的执行力和管理效率,确保项目目标的实现和油公司价值的提升。

3)社会化服务

社会化服务是油公司体制的另一重要原则。油公司在经营管理过程中,需要与政府、社区、供应商、客户等多个利益相关方开展合作与互动。该原则要求油公司树立良好的公司形象,履行社会责任,积极参与社区建设和公益活动,维护良好的公共关系。同时,油公司需要建立健全供应链管理体系,确保供应链的稳定和高效运作,提高供应链的竞争力和服务水平。

4.2.2 油公司体制的外在表现和内涵

1)人员队伍精干

人员队伍精干是油公司体制的主要外在表现。在激烈的市场竞争环境和油价波动的背景下,油公司只有建立一支高素质、专业化的人员队伍才能保证各项业务高效运作。人员队伍精干要求员工不仅具备扎实的专业知识和技能,还具有良好的职业道德和团队合作精神。油公司可以通过培训、考核和激励等机制不断提升员工的综合素质和工作能力。

2)体制设置科学

体制设置科学是油公司体制的重要内涵之一。油公司应按照现代企业制度的要求明确各部门的职能和职责,建立有效的工作流程和管理机制,确保各项业务的高效运作。此外,油公司需要建立科学的绩效考核和激励机制,激发员工的工作积极性和创造力,提高油公司的整体管理水平和经营效益。

3)管理运行高效

管理运行高效是油公司体制内涵的另一个重要组成部分。油公司要实现资源的最佳配置与高效利用,关键要优化其管理流程并提升管理效率。为了确保管理运行的高效性,油公司应建立一个健全的管理信息系统,用以实时跟踪和深入分析油公司运营的各项数据,从而为管理层的决策提供坚实的数据支撑。此外,油公司还需不断对其管理流程和制度进行优化,旨在减少管理层级和不必要的中间环节,从而提高管理效率和决策速度,确保油公司各项业务高效、顺畅地运行。

4.2.3　油公司体制下的五大机制

成本效益观念是油公司体制的重要理念。成本效益观念要求油公司在生产经营过程中严格控制各项成本支出,避免资源浪费,提高资源利用效率,同时建立效益分析体系,对各项业务的效益进行全面评估,确保每一项业务都能为油公司创造最大的价值。在这一观念下,油公司通过科学的资本运营和资产管理,合理配置和利用各项资源,完善资产管理制度,对各类资产进行全面管理和监控,实现油公司资本的保值增值和资产的高效利用,力求成本的最低化和效益的最大化。

1)勘探开发投资决策机制

在油公司体制下,勘探开发的投资决策以价值最大化为导向。

这一机制确保油公司在进行勘探开发投资决策时全面考量资源潜力、投资成本和预期回报,始终将油公司的整体价值最大化作为核心要素。在评估勘探开发项目时,油公司不仅看重资源的潜在储量,更关注项目的经济效益、技术可行性以及对油公司价值的长期贡献,通过科学评估,选择那些能够带来稳定现金流、提高资产回报率的项目,确保每一笔投资都能为油公司带来实实在在的回报。

2)运行管理机制

运行管理机制强调资源和资产效率的最大化和运行成本的最优化。为了提高资源和资产的利用效率并降低运行成本,油公司实施了一系列精细化的管理措施,其中包括优化生产流程、提高设备利用率、减少能源消耗和废弃物排放等。同时,油公司还通过引入先进的生产技术和管理方法,降低生产成本,提高生产效率。这些措施共同确保了资源和资产的高效利用和运行成本的最优化,从而提升了油公司的整体竞争力。

3)人力资源管理机制

油公司体制下的人力资源管理机制以用工效率最大化为核心。在这一机制下,油公司需要通过科学的人力资源规划和管理实现人力资源的高效利用和用工效率的最大化,通过培训和激励机制提升员工的专业技能和工作积极性,使他们充分发挥自己的潜力。此外,油公司还应注重员工的职业发展,为他们提供广阔的晋升空间和职业发展机会,从而确保员工长期稳定地创造价值。

4)绩效考核管理机制

绩效考核管理机制强调突出效益。为了激励员工积极创造效益,油公司建立了以效益为核心的绩效考核管理机制,通过设定明确的绩效目标和考核指标,将员工的工作绩效与油公司的整体效益紧密联系起来。这不仅能够激发员工的工作动力和创新精神,还能够确保油公司目标的实现与员工的个人发展相协调。此外,油公司还应制定公正的绩效评估和激励措施,以确保员工得到应有的回报和认可。

5)市场运行机制

市场运行机制是油公司体制的重要组成部分,以优化资源配置、提升竞争力为核心。在市场竞争日益激烈的今天,油公司比以往更加注重优化资源配置和提升竞争力,通过建立健全的市场运行体系,包括市场信息的收集和分析、市场策略的制定和实施以及市场绩效的评估和反馈等环节,深入研究市场需求和竞争对手情况,然后制定符合市场规律的经营策略和产品组合,辅以市场营销和品牌建设,提升油公司的知名度和美誉度。此外,油公司还注重与合作伙伴建立长期稳定的合作关系,共同开拓市场、分享资源,从而实现共赢发展。

4.2.4 油公司体制对业财深度融合赋能价值管理的支撑

1)制度基础

油公司体制为油公司推行业财深度融合赋能价值管理奠定了坚实的制度基础。通过建立健全的现代企业制度和科学的管理体制,油公司能够在价值管理的各个环节实现高效运作和科学决策,同时通过实施市场化运行、项目化管理和社会化服务等原则,为价值管理的实施提供支持。

2）内部环境

油公司体制也为油公司推行业财深度融合赋能价值管理提供了良好的内部环境。在这一体制下,油公司能够实行科学的管理和高效的运营,实现资源的最优配置和高效利用,提升油公司的整体价值。另外,油公司推行的成本效益观念和资本运营与资产管理等措施,确保了油公司的各项业务都能为价值管理的实现提供支持,为价值管理提供了另一层保障。

4.3　油公司业财深度融合赋能价值管理的模式内涵与特征

4.3.1　模式内涵

业财深度融合赋能价值管理的模式是以业财融合理论与价值管理理论为基础,结合油公司特点而形成的新型业财融合模式,是对传统业财融合模式的创新与发展。该模式即油公司结合自身股份制公司特点,以价值最大化为目标,基于价值管理和业财融合相关理论,以财务转型为驱动力,从内容、方法和主体三个维度出发,以价值分析、价值规划、价值创造、价值分配的价值管理环节为业财融合内容维,以战略财务、经营财务、管理财务的财务管理与管理会计方法为业财融合方法维,以业财素质兼备的财务人员与财务部门为业财融合主体维,并通过财务经营一体化平台系统建设予以赋能,提供信息化支撑,构建形成的价值创造管理体系。业财深度融合赋能价值管理的模式可实现油藏勘探开发投入产出的有效性,培育、形成和维持持久的成本优势,不断创造与提升油公司价值,具体如图4-1所示。

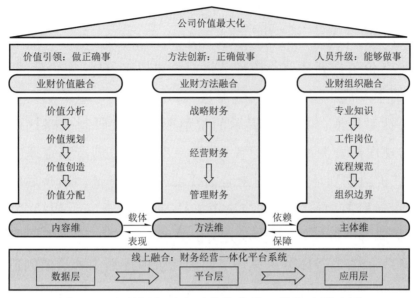

图 4-1   业财深度融合赋能价值管理的模式描述图

4.3.2   模式特征

1）内容维：服务价值管理的业财融合

在市场经济条件下，油公司的目的是实现自身价值最大化，任何业务的发生和运行最终都要能够为油公司带来价值。业财融合是指财务与业务活动有机地融合在一起，及时共享数据和信息，共同参与油公司的规划、决策与管理，以提升油公司价值。对此，油公司基于价值管理理论与实践以及价值管理的流程，即价值分析—价值规划—价值创造—价值分配，通过分析与梳理各个价值流程业务活动，明确业财融合节点，进而实现业务与财务在价值管理中的深度融合。

（1）价值分析环节。该环节通过业财融合开展油公司战略价值链分析与战略成本动因分析，明确油公司价值管理的外部前景与内部环境,揭示勘探、开发、生产、运销的价值驱动因素,为下一步的价值创造与提升决策,即价值规划,奠定坚实的基础。

（2）价值规划环节。该环节根据公司战略目标,如更高的收益、更低的生产成本、可观的现金流量、稳定的油气产量等对资金进行规划,针对价值分析环节揭示的价值驱动因素研制战略计划和预算,实现内部资源的合理配置,为下一步的价值创造奠定坚实的基础。在价值规划环节,业财融合需要油公司财务部门由事后的财务分析走向事前的价值规划与决策支持,并与业务实际相结合,对公司资金运营进行规划,以实现公司价值最大化。

（3）价值创造环节。该环节要确保价值规划中的价值创造与提升决策得到有效的执行,主要发生在业务部门。对于油公司来说,需要财务部门牵头,为业务部门优化运营提供决策支持,支持业务部门选择切实有效的经营策略,确保价值创造与提升决策能够落地,真正实现价值的创造与提升。

（4）价值分配环节。通过价值规划与价值创造环节实现油公司价值增值后,便进入价值分配环节。价值分配的合理公平决定着员工的主动性与创造性,而这需要发挥价值考核的正面作用。绩效考核犹如油公司员工的"指挥棒",而薪酬更是关乎他们的切身利益。绩效考核的主要目的是调动员工的积极性,为油公司创造更高的价值,从而促进其战略目标的实现。

2）方法维:战略财务、经营财务、管理财务

内容维明确了"做什么",涵盖价值分析、价值规划、价值创造与价值分配,各个环节的价值管理涉及公司战略、战术以及执行等多个层次的业务活动。这就迫切需要一个方法来有效推进内容维的业财深度融合,方法维就是为了解决这个协调与匹配的问题,即"怎

么办"。基于战略财务、经营财务、管理财务的业财深度融合赋能价值管理的模式既是油公司财务管理转型的具体体现,又是油公司促进业财深度融合的方法与手段。

(1)基于业财深度融合的战略财务。建立以支撑业务发展、增强价值增值目标为导向的资源配置体系,做好资源配置工作,是战略财务支撑油公司发展的核心职能。对此,油公司财务部门转变思想,树立战略意识、资源意识与市场化意识,主动地从高质量可持续发展的角度思考问题,积极地从办公室走出去,对油公司发展潜力和资源配置需求进行全面调查研究,持续加大服务支撑力度。具体包括:围绕服务项目及内容梳理、定价测算、结算流程和效益评价,设计了基于业财融合的内部市场化体系,与各服务受益单位建立了市场化的契约关系,从管理机制上理顺责、权、利,打通内外部价值链,为资源配置奠定制度支撑;发挥全面预算管理对油公司的战略导向与牵引作用,强化预算对油公司发展战略的有效支撑,实现对重点战略举措及其经营活动的预算配置与资源统筹功能;实施投资管理业财融合,由业务部门(计划部门)与财务部门共同完成投资决策活动,将投资和运营效应与公司价值挂钩,据此对包括单井投资在内的项目投资方案进行分析、研究和选择,进而提高资源的配置效率,实现投资、储量、产量、成本与效益的综合平衡。

(2)基于业财深度融合的经营财务。油公司基于油藏管理区的业务特点,强化日常生产经营活动的治理、动态谋划与资源配置,发展并实施以支持决策、创造价值为目标的经营财务,对油藏管理区生产经营全周期的业务、财务活动以价值创造为目标进行动态监测、评估、谋划、改进与创新,支撑公司整体的战略发展。对此,油公司强调财务部门业务思维和价值思维的双重转变,财务基于业务思维的考虑,实现对市场环境变化的快速感知以及对油藏管理区业务发展的科学合理的分析、预测和敏捷反应,支持公司的经营决策目标;从价值思维出发,精准识别各个业务活动流程中的关键价值点或价值驱动因素,做优公司价值发展的长远方向和路径选择。通过经营财务管理运行机制,油公司开展基于业务全价值链的成本与风险管理,推进业务端精准核算,持续优化财务分析评价体系,强化公司资产日常管理、经济运行管理和风险管理,以资产资金管理、定期经济活动分析、风险管控完善作为关键节点,实施业财深度融合。在这一过程中,油公司注重经营型财务人才队伍的培养与建设,重组财务人才队伍,财务部门人员深入融合公司业务日常经营过程,有效发挥财务在日常生产经营过程中的管控作用。

(3)基于业财深度融合的管理财务。管理财务属于价值分配环节,发挥财务评价在公司绩效评价中的核心作用,准确地衡量各责任主体与部门的经营成果和经济效益,落实损益责任,为激励和考核提供坚实的依据。油公司基于中长期战略目标与年度目标逐步分解与细化指标任务,将其落实到公司各个层级及相应的责任主体上,以此发挥考核"指挥棒"的作用,实现公司战略目标,同时确保绩效考核的正面积极效应。实践中,油公司推行以"考核账"作为价值分配环节业财深度融合的抓手,突出价值引领和效益导向,健全"经营绩效 + 管理绩效 + 党建质量"考核引领机制,深化全层级价值化考核,推动岗位围绕业务创效,风险围绕业务防范,实现价值分配环节的业财深度融合。

3)主体维:财务部门与财务人员

主体维明确"谁来做",即财务部门与财务人员是实现油公司业财深度融合的核心主体,涉及不同层级的财务人员,包括高层总会计师、中层管理者以及基层财务操作者。"人"是油公司价值创造活动中最为活跃的要素,油公司业财融合最终需要"人"的行为加以实现。现实中,业务部门与财务部门的分离是业财难以深度融合问题产生的根本原因。油公司中,相比业务部门及其人员,财务部门及财务人员在推进业财深度融合过程中具有两大核心优势:

(1)全局统筹优势。现如今,油公司财务活动已经跨越单纯部门内部工作,深入公司的各个层级,包括决策层、管理层与操作层。油公司财务深入决策层,积极参与并服务于公司全局性的战略规划决策,同时反过来确保财务部门工作与公司发展战略、路线及方针相一致;油公司财务深入管理层,以预算管理、财务分析、业绩评价等手段实现对资金、资产及成本的管理,协调各部门运营,确保上述战略的落实与方针体现;油公司财务深入操作层,确保任务与指令的贯彻实施,同时为管理层与决策层提供基本财务信息。

(2)数据优势。财务共享服务中心的成立及其快速发展在进一步实现了油公司核算集中化和流程精细化的同时,为油公司财务管理活动提供了标准化、统一化与精细化的数据,有力促进了油公司财务管理专业化与精细化。油公司的财务人员可以充分利用共享平台数据可得性优势,基于自身的管理需求,运用商业智能分析工具进行分析,洞察公司经营过程中的问题及改进方向。

鉴于此,油公司以财务部门与财务人员为主体,采取知识融合、岗位融合、流程融合与部门融合等多方面措施促进其业财深入融合,为业财深度融合提供实施主体保障。

4)"一体化":财务经营一体化平台系统

业财信息系统的搭建是油公司实现业财深度融合的保障。油公司财务信息系统采集其业务端信息的标准化和智能化程度越高,其为公司业财深度融合打下的基础越牢固。实施财务与业务信息系统深度融合,即通过在业务系统与财务系统之间搭建纽带,实现数据交换共享,全面支撑业务数据自动生成财务数据、财务数据穿透追溯至业务数据,实现业务与财务数据顺畅流转及全面共享,为业财融合提供更好的系统支撑。对此,油公司按照"数据 + 平台 + 应用"的信息化建设新模式要求,由财务部门联合多个部门搭建了业财深度融合及投资效益评价平台。通过该平台,可实现生产流程与财务流程的绑定,将财务活动延伸到生产现场,联通财务信息与业务信息孤岛,推进投资、储量、产量、成本、效益一体化优化,推动一切工作向价值创造聚焦,一切资源向价值创造流动,推进全产业链、全要素、全过程经营创效,达到一切围绕价值转、一切瞄准效益干、让资金发挥最大效益的目标。

第5章
油公司业财深度融合赋能价值管理的实施策略

5.1 油公司业财深度融合赋能价值分析环节的实施策略

业财融合将财务管理的理念和方法工具与业务运营深度融合,通过数据共享,低成本、高效率地在价值分析环节为油公司提供综合专业的信息支撑。业财融合通过业务链与价值链的融合,让管理者能够充分了解业务的整个过程,发现所有关键点,了解并控制其风险。油公司通过业财融合可以更加清晰地了解自身的经营状况和市场环境,及时发现存在的问题和机遇,从而制定出更加符合实际情况的战略规划。业财融合使油公司业务部门与财务部门的信息得以共享,从而能够综合考虑业务活动、成本、风险等多方面的因素,进行更全面、准确的价值分析。简而言之,在价值分析环节,油公司采用战略价值链分析与战略成本动因分析,明确油公司价值管理的外部前景与内部环境,为下一步价值创造与提升决策奠定坚实的基础。

5.1.1　油公司战略价值链分析

在业财深度融合赋能价值分析环节的实施策略中,战略价值链分析是一个至关重要的组成部分。通过战略价值链分析,油公司可以更加深入地理解业务与财务之间的内在联系,从而优化资源配置,提升整体价值创造能力。油公司战略价值链分析流程的内容包括:① 油公司价值创造外部环境分析。运用行业价值链分析识别油公司行业地位,明确公司价值管理的行业环境及其竞争优劣势与地位。② 油公司内部价值链识别。通过对油公司内部生产流程的分析,识别其内部价值链,明确价值创造环节。③ 油公司内部价值链具体优化策略。通过油公司内部价值链分析,寻找生产经营各环节的价值驱动因素,为价值管理优化找到切入点。

1)油公司价值创造外部环境分析

(1)油公司行业价值链分析。

行业价值链主要指油公司与上下游相关企业的互动。油公司业务涵盖勘探、开发、生产和销售四大环节。上游供应商不仅包括提供原材料和设备的公司,还包括为油公司提供勘探与开发劳务的技术服务公司;下游客户则包括炼化公司、原油和炼化产品销售公司以及直接购买产品的终端客户。油公司行业价值链如图5-1所示。

(2)油公司行业地位分析。

下面根据波特的五力模型,分析油公司在行业中的地位。① 国内外竞争力差异。我国油气探矿和采矿权的分配机制使国内油公司在各自独立的勘探开发区域内运营,行业内部竞争相对较弱;而国际石油公司由于市场化程度更高,依托丰富的资源获取渠道,在全球范围内展开竞争,竞争力更强。② 新进入壁垒高。我国的探矿

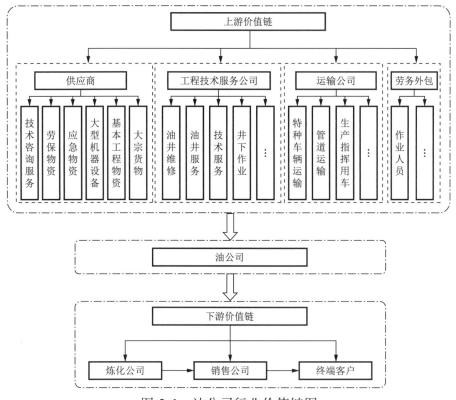

图 5-1 油公司行业价值链图

和采矿权获取难度大,民营企业进入油气勘探开发领域面临着高投资、高技术要求和高风险,进入门槛较高。③ 替代产品威胁较小。虽然新能源被视为油气的替代品,但短期内尚不足以撼动油气资源的主导地位。④ 买方议价能力增强。在低油价和原油需求减少的情况下,由于油公司停产成本较高,买方议价能力增强。⑤ 供应商议价能力变化。如果商品(或服务)并非专门供应给油公司,那么低油价对需求的影响相对较小;与之形成对比的是,当专供商品(或服务)的需求下降时,供应商在交易中的议价能力便会减弱。

总体来看,油公司所处行业竞争强度处于较低水平,但下游客户议价能力提升,而上游供应商议价能力减弱。尽管当前油公司面临低油价的严峻挑战,但通过优化内部管理、降低成本以及开拓新市场,仍有可能提升盈利能力,甚至获取超额利润。为应对长期挑战,油公司需要加强精细化管理,提高运营效率,并探索新的增长机制,以拓展盈利空间。

2)油公司内部价值链识别

(1)油公司内部价值活动及流程。

油公司作为石油石化产业链的关键上游环节,生产过程涵盖了从资源勘探、开发到最终采出的完整流程,涉及地质勘探、物理勘探、钻井作业、生产运营以及储运管理等多个专业领域和复杂工作环节。油公司内部价值活动及流程如图 5-2 所示。

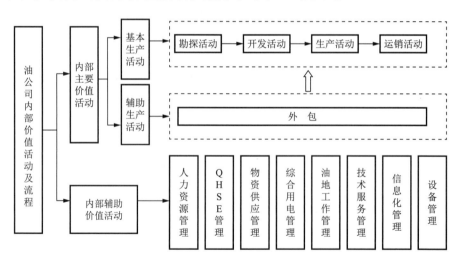

图 5-2　油公司内部价值活动及流程

① 勘探活动。油气勘探是指为了识别勘探区域、探明油气储量而进行的地质调查、地球物理勘探、钻探及相关活动,是油气开采的第一个关键环节。 油气勘探活动是对地下情况的逐步认识过程,往往需要历经相当长的时间。

② 开发活动。油气开发是指对已探明的油气田实施产能建设的经济活动。产能建设指完成开发井网钻井和相应的地面设施的工程,它不但要在规模投产前集中进行,还要在生产过程中不断补充实施,以弥补油井产量的自然递减或提高产能。

③ 生产活动。油气生产是将埋藏在地下油层中的石油与天然气等从地下开采出来的过程。在油田运营中,核心生产流程可以细分为驱油物注入、油气提升、油气集输三大主要环节。同时,为了确保油田高效、安全地运转,还需要一系列生产辅助系统来支持,包括测井试井、稠油热采、设备维修与维护、特种车辆作业、物资运输以及油水井的实时监测等。

④ 运销活动。油气开采出地面后需外运并销售给客户,运销活动包括运输活动和销售活动。

(2) 油公司内部价值链优化空间。

油公司可以从整体价值链设计和单个价值活动两个层面对内部价值链的优化空间进行识别。

一是在整体设计方面,油公司的内部价值链可以细分为内部主要价值活动和内部辅助价值活动两大部分。为了进一步明确和聚焦关键业务环节,内部主要价值活动被进一步拆解为基本生产活动和辅助生产活动。基本生产活动包括勘探活动、开发活动、生产活动和运销活动;辅助生产活动包括井下作业、油气维修、测井试井等,不过在油公司体制下,辅助生产活动基本采用外包的形式,所以不包括在企业内部价值链中。内部辅助价值活动涵盖了人力资源管理、QHSE(质量、健康、安全、环境)管理、物资供应管理、综合用电管理、油地工作管理、技术服务管理、信息化管理以及设备管理等多个方面。这些活动通常会产生相对稳定的成本或支出,并侧重于管理和支持功能,以确保主要生产系统的高效和稳定运行。

二是在具体分析方面,油公司应专注于内部主要价值活动,特别是基本生产活动中的各个环节。通过对这些生产系统进行细致的作业划分,油公司能够明确识别并管理具体的作业链,以优化资源配置,提升整体运营效率。油公司需要对各项价值活动(包括勘探活动、开发活动、生产活动与运销活动)进行详细的识别,并清晰界定它们之间的内在联系,从而深入理解作业流程,为后续分析战术成本动因以及实施精准的成本管控措施打下坚实的基础。

3)油公司内部价值链具体优化策略

油公司内部价值链分析指对勘探活动、开发活动、生产活动和运销活动的作业链进行分析。勘探活动的目的是确认探明储量,高效的勘探工作能够增加探明储量,从而使油气折耗成本下降,油气生产效益提高,油公司价值得到提升;开发活动为油田增产、稳产奠定产能基础,新的钻井理论及钻井技术、适当的组织管理活动都会降低产能建设投资,使后续的折旧减少,提高油公司效益;生产活动是将油气提升到地面并进行油气处理,新的生产技术、合适的采油方式会降低成本,提高最终采收率;运销活动是通过油气运输与销售,最终实现油公司的销售收入与经济效益,销售市场的开拓直接决定着油公司油气产量结构的优化空间,进而影响油公司价值的创造与实现。因此,内部价值链分析需要对各基本生产活动的价值驱动因素进行深入分析。

油公司内部价值链优化的关键在于两个核心环节:作业成本分析和价值差异分析。从作业成本分析的角度出发,油公司内部涉及众多作业,每个作业在为油公司创造价值的同时都会消耗相应的成本。重要的是,每项作业的成本驱动因素各不相同,因此需要详尽地记录每项作业的收入、成本及与其他作业之间的依赖和协作关系。这些作业共同构成了油公司的完整价值链(也是作业链)。通过合理分配油公司的生产经营成本至各个作业环节,可以准确计算出每项作业的具体成本,并进一步利用作业之间的内在联系寻找降低成本、提升价值的有效途径。以油公司为例,其采油作业不仅与注水作业联系紧密(注水有助于提高采油效率),还与油气处理作业息息相关(采油过程中产生的油水混合物是油气处理的重要原料)。通过作业成本分析,能够清晰地识别出各个作业环节、它们的驱动因素以及相互之间的紧密联系,从而优化整个价值链,实现成本的有效降低。价值差异分析则侧重于识别并突出那些对油公司价值创造具有关键性影响的作业环节。通过对比不同作业环节在价值创造上的差异,可以明确哪些作业是真正推动油公司发展的核心力量,并据此制定针对性的优化策略,确保油公司资源聚焦在最具价值的作业上,从而为油公司带来最大的效益。

5.1.2　油公司价值驱动因素分析

1)勘探活动价值驱动因素分析

油气勘探是以石油地质学中的油气生成、油气藏形成和油气田分布规律理论为基础,通过科学的勘探程序、合适的技术方法和先进的勘探管理理论,以经济、高效地寻找和发现油气田,探明油气地质储量为目的的一项系统工程(何绍恩,2011)。油气勘探活动任务、价值衡量指标及核心价值驱动因素分析见表5-1。

表 5-1　勘探活动价值驱动因素分析表

勘探活动任务	价值衡量指标		核心价值驱动因素 （管理控制点）
1. 地质任务完成率 2. 地质资料解释 3. 提交探明储量	定量指标	1. 储量序列 2. 新增探明储量 3. 单位新增探明储量投资 4. 探井成功率 5. 资料解释及时性和准确性 6. 勘探任务完成率	1. 勘探投资 2. 新增探明储量 3. 储量转化率 4. 勘探新区域
	定性指标	1. 储量规模 2. 油藏特征	

2）开发活动价值驱动因素分析

开发活动通过完成地面建设、开发井建设、设备采购及安装而增加新建产能。新建产能建设方案影响最终的采收率、折旧、采油成本等，因此应具体分析其价值衡量指标及核心价值驱动因素（表 5-2）。

表 5-2　开发活动价值驱动因素分析表

开发活动任务	价值衡量指标		核心价值驱动因素 （管理控制点）
1. 地面建设 2. 开发井建设 3. 设备采购及安装	定量指标	1. 新增经济可采储量 2. 新建产能 3. 百万吨产能投资 4. 采收率 5. 开发成本	1. 开发投资 2. 开发技术 3. 井网密度 4. 地理位置 5. 采油方式
	定性指标	1. 采油方式适合度 2. 开发方案适合度	

3）生产活动价值驱动因素分析

油公司的生产活动主要包括驱油物注入、油气提升与油气集输活动。

（1）驱油物注入系统价值驱动因素分析。

驱油是油气开采工作的重要环节,主要的驱油工艺技术包括注水、注气等,这里以常用的注水为例进行驱油物注入系统分析。注水过程的作业链主要包括试注、转注、闷井、排液。驱油物注入过程所产生的成本是影响油公司价值的核心要素之一,包括注水井、配水间、注水站、管线上发生的各类成本费用的总和,所耗费的资源有材料、燃料、药剂、水、电等。驱油物注入系统价值驱动因素分析具体见表 5-3。

表 5-3　驱油物注入系统价值驱动因素分析表

成　本	作业成本细分	资源动因	作业链		作业动因
			注水作业链	注聚作业链	
人工费	人工操作、巡查	工时/时	排液	配　比	驱油物注入量:注水量/米³
材料费	水井耗材	水井数/口		分　散	
	机泵耗材	机泵台数/台			
	注入驱油材料	注入量/吨	洗井	熟　化	
燃料费	注入动力	注水量/米³		转　液	
电　费	水源井耗电	注水量/米³			
	机泵耗电	机泵台数/台	试注	储　存	
	注水驱油耗电	注水站数/座		升压、计量	
水　费	地面清水	注水量/米³			
	地下清水	注水量/米³	转注	注　入	
	注水用水	注水站数/座			
药剂费	注入驱油药剂	注入量/吨			

（2）油气提升系统价值驱动因素分析。

油气提升系统以油水井为管理对象,是基层采油组织利用抽油机、电泵等将原油从井下举升到地面,经过计量站输送至联合站的流程中所产生的各项作业的集合系统。油气提升成本是将油水混合物从井下举升到地面并输送到联合站这一过程发生的各类成本费用之和,同样是影响油公司价值的核心要素之一,包括采油计量站、接转站、管线等发生的各项成本。油气提升系统价值驱动因素分析具体见表5-4。

表5-4　油气提升系统价值驱动因素分析表

成　本	作业成本细分	资源动因	作业链		作业动因
			采油作业链	监测管理作业链	
人工费	人工操作	工时/时	举　升	资料录取	油气提升量:提液量/吨
材料费	管线耗材	管线长度/千米			
	油井耗材	油井数/口			
药剂费	稠油井与结蜡井	井数/口	地面管输	整理分析	
燃料费	提升燃料消耗	提液量/吨			
电　费	井耗电	井数/口		油气化验计量	
	接转站耗电	提液量/吨	计量站计量		
水　费	计量站水套加热	计量站数/座		其他辅助	
	接转站耗水	接转站数/座			
	锅炉耗水	锅炉数/台			

（3）油气集输系统价值驱动因素分析。

油气被开采出来后,通过油嘴进入输油管线,然后汇集到联合站。联合站负责完成油气集输的主要任务:汇集单井采出物,分离油气水;原油脱水、稳定、储存、计量、外输;对天然气进行干燥、净化、初加工、外输;对污水进行除油、除砂、脱氧等处理后回注地层或排出。油气集输系统成本是从联合站至集输单位及从联合站至注水（气）站过程中各个阶段所产生的成本费用,也是影响油公司价值的核心要素之一,其驱动因素分析见表5-5。

表 5-5　油气集输系统价值驱动因素分析表

成　　本	作业成本细分	资源动因	作业链		作业动因
			油处理作业链	气处理作业链	
人工费	人工操作	工时/时	油气水分离	油气水分离	油气处理量：产液量/吨
材料费	机泵配件耗材	机泵台数/台	脱　水	净　化	
	日常耗材	处理量/吨			
	劳保耗材	人工数/人			
电　费	油气处理耗电	处理量/吨	稳　定	凝液回收	
	轻烃耗电	轻烃产量/米^3			
	输油耗电	原油外输量/吨	储　存	储　存	
	输气耗电	天然气外输量/米^3			
水　费	锅炉耗水	锅炉总蒸发量/吨	计　量	计　量	
	加热炉耗水	加热炉总功率/千瓦			
	药剂耗水	加药量/吨	外　输	外　输	
药剂费	注入药剂	处理量/吨			

4）运销活动价值驱动因素分析

油公司运销活动是将油公司生产的油气运输销售给客户的过程，是油公司内部价值实现的终端，市场开拓能力、客户信用管理等都会影响油公司最终价值的实现。运销活动价值驱动因素分析见表 5-6。

5.1.3　油公司战略成本动因分析

1）油公司结构性成本动因分析

油公司结构性成本动因决定了油公司成本的基本构成，包括自然条件、纵向一体化、技术进步、社会环境因素、油气开发阶段及产业政策等。

表 5-6　运销活动价值驱动因素分析表

运销活动任务	价值衡量指标		核心价值驱动因素 （管理控制点）
1. 油气运输 2. 油气销售	定量指标	1. 油气商品率 2. 油气商品量 3. 应收账款周转率 4. 存货周转率 5. 吨油运输费用 6. 坏账率 7. 客户集中度	1. 油气生产量 2. 油气商品量 3. 客户信用管理 4. 营销方案 5. 销售人员激励制度 6. 市场开拓能力 7. 运输方式、费用计算方法创新
	定性指标	1. 营销方案合适度 2. 客户关系	

（1）油气开采的自然条件。

油藏的地质特性对油气开采成本具有决定性作用，主要包括以下几个方面：① 油藏构造及其复杂程度。油藏的构造复杂度直接影响油公司开发成本。构造复杂的油藏勘探难度大，钻井和开发技术要求更高，导致资金、人力和物资投入增加。② 油藏储量及丰度。油藏储量和丰度决定了生产规模和单位开采成本。储量越大，开采期内可分摊的固定成本越多，单位产量成本下降；相反，低丰度油藏因产量低，难以形成规模效益，单位成本较高。③ 油层物理及化学性质。油层的孔隙度、渗透率、含油饱和度决定了流体的流动性，从而影响开采难度和采收率。化学性质如岩石矿物成分影响增产措施的选择。例如，黏土岩遇水膨胀会堵塞孔隙，需采用特殊开采工艺，而石灰岩储层酸化增产的适用性较差。④ 油藏埋藏深度。埋藏深度决定井深，进而影响钻井及抽采方式。深层油藏通常需要更复杂的钻井技术和更高强度的设备，开发成本增加，同时对井下作业能力提出更高要求。⑤ 原油物理化学特性。原油的密度、黏度影响采收率和单井产量。高黏度原油采收率低,需采用注气开采等特殊技术,生产成本增加。同时,原油中非烃类化合物(如硫、氮、氧等)含量过高会导致设备腐蚀,提高维修及处理成本。

(2)油公司纵向一体化。

在全球油气行业竞争加剧的背景下,纵向一体化成为降低油公司成本、提升效益的重要策略。通过勘探、生产、炼化、销售一体化运营,油公司可优化资源配置,降低交易成本,并提高整体经营效率。例如,炼化与上游生产协同,可根据市场需求调节原油供应,减少库存和价格波动带来的损失。

(3)石油开发技术进步。

技术进步对油公司降低成本的作用不可忽视。例如,三维地震、水平钻井、深水钻井、大位移钻井等技术提升了勘探成功率,提高了单井产量,使低效油藏开发变得经济可行。此外,不同采油方法成本差异较大,如自喷采油成本最低,注水、蒸汽驱等次之,三次采油(如化学驱)成本最高。因此,各油公司均加大了技术研发投入,以提高采收率并降低单位成本。

(4)社会环境因素。

社会环境主要包括经济环境和地理环境。市场经济发展促使油公司由传统的政府主导模式向市场化运营转变,油公司自主经营、自负盈亏,面临更复杂的经济环境。地理环境则直接影响油气开采成本,如海上油田、沙漠油田的开发成本远高于陆上常规油田。此外,交通条件决定了原油运输成本,远离市场的油田往往需要建设额外的管道或储运设施,提高了运营费用。

(5)油气开发阶段。

油气田开发初期,地层能量较高,原油可依靠天然能量自喷采出,开发成本较低。开发中期,地层压力下降,需要通过注水、注气等措施维持产量,增加了开发成本。开发后期,剩余油趋于分散,采收率降低,需采用更复杂的提高采收率技术,成本大幅上升。同时,设备老化、维护成本增加,进一步推高运营费用。

(6)产业政策。

政府对油气产业的政策,包括税收、投资、产业结构调整等,直接影响油公司的成本结构。由于油公司肩负能源安全责任,政策往往鼓励稳产,导致高成本投入。例如,油田自然递减使得稳产需要持续增加资本支出,导致单位成本刚性上升。

2)油公司执行性成本动因分析

(1)资产设备利用率。

油公司固定资产投资巨大,设备利用率直接影响其成本高低。提高设备利用率可摊薄折旧费用及固定成本,降低单位产量成本。例如,优化钻机作业计划、提高油井开工率、减少非计划停工等措施,均有助于提升设备效率。

(2)油公司价值环节整合。

油气勘探、钻井、生产环节虽相互依存,但通常由不同工程技术公司执行。通过价值环节整合,可减少中间交易成本,提高整体效率。例如,将钻井、完井、地面工程等作业流程整合,可提高作业连续性,减少等待时间,从而降低运营成本。

(3)QHSE 管理体系的建立和实施。

QHSE(质量、健康、安全、环境)管理体系不仅是国际化运营的基本要求,也是油公司降本增效的重要措施。通过提升作业质量与管理标准化水平、减少作业事故、降低环保治理成本、减少能源损耗,油公司可有效控制长期运营成本。例如,减少油井事故可降低停工损失,环保合规可减少罚款及整改成本。

（4）全员参与管理。

成本控制不仅依赖管理层决策,更需要全员参与,生产人员的责任感、技术水平直接影响油田运营效率。例如,提高一线员工设备维护意识,减少非计划停工,即可降低维护费用和设备损耗。此外,完善绩效考核机制,引导员工关注成本控制,有助于形成长期的低成本运营模式。

综上,油公司战略成本动因涉及结构性与执行性两大动因。前者决定基本成本水平,后者影响成本优化空间。通过结构性成本动因的优化与执行性成本动因的强化,油公司可在降低长期成本的同时,提高生产效率,增强竞争力(齐建民,2013)。

5.2 油公司业财深度融合赋能价值规划环节的实施策略

价值规划基于价值分析流程提供的决策信息,进行价值创造流程控制与重构的相关决策。推行战略财务,构建支持业务发展、实现价值增值的资源分配机制是业财深度融合赋能价值规划环节的关键。这一环节包括建立内部市场,协调内部生产活动;着重发挥全面预算管理的预算配置和资源统筹功能;将业财融合融入油公司效益配产机制,推进产量、成本、效益一体化管理;通过业财融合助力投资成本一体化管理,提高战略财务资源配置效率。

5.2.1 业财紧密协作,全面建立内部市场

油公司财务部门与业务部门应组建跨部门工作组,由分管财务的领导担任组长,相关业务负责人作为成员,共同推进业财深度协同。工作组应统一内部定额与市场化结算的思路,确保财务管理与业务运营紧密结合。在具体实施过程中,工作组需深入业务服务的

各项流程,明确业务和财务的职责分工。财务与业务部门应共同梳理和分析各部门的业务职责、服务活动及其成本动因,并基于技术(劳务)服务项目,对直接生产费用的构成要素进行详细分解。为确保数据准确性,工作组可采用"现场写实法"和"专家经验法"估算相关消耗量。油公司应以集团内部关联交易的统一定额取费规则作为基本取费标准,并结合市场化要求及相关规定,对取费标准进行合理调整和测算,最终形成科学合理的价格定额与内部定额价格体系。在此基础上,油公司内部应按照独立企业之间的公平交易原则和财务独立核算需求,立足所编制的劳务服务内部定额价格体系,通过服务项目合同拟定、服务项目工作量签认和服务项目收费结算,规范油公司本部对各利润中心的收费。此外,应突出油公司下属各采油管理区的核心作用,强化其在成本控制、产能优化和效益提升方面的职能;通过深化内部市场化运作,推动各采油管理区按照市场机制独立运营,提高资源配置效率;同时,充分发挥市场在资源配置中的决定性作用,优化资金流向,提升整体运营效益,最终助力油公司实现高质量发展。

首先,通过内部定额价格编制工作,对各采油管理区(利润中心)进行服务收费,更加明确地界定采油管理区的内部市场主体地位。这不仅有助于把外部市场竞争压力传到采油管理区,使其感受到市场压力,分担市场风险,适应市场变化,同时还有助于建立起权责利相当的内部激励和约束机制,激发采油管理区的自主性、积极性与创造性,进一步深化公司新型采油管理区的建设。

其次,通过内部定额价格编制工作,集团与各采油管理区的协作关系转变成模拟市场交易关系。市场协调的"无形之手"与行政命令的"有形之手"有效配合,引导、控制、监督各内部交易主体的自主经营,在确保集团整体一致性的前提下追求集团价值最大化。

最后,开展内部定额价格编制工作,这是油公司集团层面加快实现扭亏脱困的现实需要与有效举措。因收益性资产(这里指的是油井)大部分都在各利润中心账面上独立核算,而集团本部所支付的研究、技术、财务、管理、集输、基建、规划等人员的办公、工资、差旅等费用没有相应的收入匹配,导致集团本部出现亏损。本着谁受益谁承担、成本与收益相匹配、服务与收费相一致的原则,集团本部可开展内部定额价格编制工作,对各利润中心收取相应的服务费。

5.2.2　业财柔性联动,动态调配全面预算

油公司在预算编制过程中推行业财柔性联动。业务部门及时传递精准、精细的业务信息至后端财务,财务部门联动前端业务进行预算科学动态调配。

1)完善预算管理基础性工作

为确保预算管理的有效性,油公司需完善基础性工作,并充分发挥业财融合的积极作用。首先,要提高业务的精细化管理水平,对每个作业活动进行详细分析,明确分配流程中的具体作业内容。根据各项作业活动对公司运营的影响程度,筛选出关键业务环节,并对每个环节进行具体分析,找出影响业务效率和成本的关键驱动因素,并为其设定标准值。在确定驱动因素的标准值时,需要注意:一些关键驱动因素的标准值已经明确设定,并且有严格的规则和准则,如客户数量和业务规模等,以确保业务流程的一致性和质量;另一些驱动因素的标准值没有固定的范围,往往受到市场变动、客户需求等因素的影响,因此可能会有较大的波动性,这类因素需根据实际情况进行动态调整。在此基础上,油公司应制定业务的标准成本,并遵循"预算 = 业务标准 × 财务标准"的原则进行预算管理。

业务和财务部门应实现动态监控,确保预算执行过程中的及时反馈和调整。业务和财务标准需要不断改进,因此必须保持与业务部门的持续沟通,及时更新工作量标准,确保预算的准确性和执行的有效性。此外,预算管理应加强作业前的动态管理,在作业开始之前对业务活动进行全面评估和预测。预测结果应及时反馈给财务部门,财务部门根据这些信息合理安排和调整财务资源,确保公司各项业务活动的顺利进行并优化资源配置。油公司应基于上述标准成本制定思路(图 5-3)进行预算管理,确保预算的合理性与财务资源的高效利用。

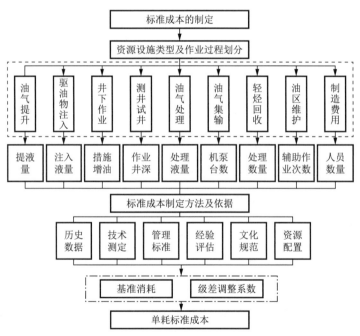

图 5-3　油公司基于作业的标准成本制定思路

2)建立责任预算体系,强化过程控制

形成责任预算体系须完成以下六步:

(1)建立责任中心。为明确管理职责,油公司内部可设立不同功能的责任中心。依据责任管理的内容,这些责任中心可细分为成本费用责任中心、利润责任中心、投资责任中心。

（2）建立内部交易机制。为了规范内部各责任中心间的交易行为,需要建立一个内部交易机制,明确交易的价格和方式,确保交易的公平性和透明度,为各管理单元的绩效评估提供可靠依据。

（3）编制责任预算。责任预算的编制涉及三个主要环节:首先,制订油公司整体的利润、成本、资金等预算计划;其次,将整体预算分配到各个责任中心;最后,根据实际情况调整各单元的责任指标,确保预算的可行性。预算的编制方法包括历史数据法、目标导向法、因素分析法和预算分解法等。

（4）强化责任控制。在责任预算管理过程中,油公司应基于既定的责任指标和预算规划,对生产经营过程中的各项财务指标进行实时监控与控制。各责任中心需建立自上而下的监控体系并加强自我控制,确保各项指标顺利实现。

（5）建立健全责任预算分析制度。为及时了解各责任中心的责任预算执行情况,油公司应建立一套完善的预算分析体系。由于各责任中心的管理范围和职责不同,分析的内容和方法也应有所差异,以确保分析的针对性和有效性。

（6）进行责任考核。基于各责任中心的业绩报告,油公司应对其责任预算的执行情况进行绩效评估。通过对比分析实际业绩与责任预算目标的差异,找出原因,并据此进行奖惩。绩效评估不仅有助于总结经验教训,还能为下一阶段的预算规划提供参考。需要注意的是责任考核需公正合理,确保责任中心在权责利方面达到平衡。

3）强化预算指标分解，传递预算管理压力

预算（定额）指标需从横向和纵向层层分解落实到油公司下属各单位的各个环节与岗位。为了更有效地管理预算，油公司首先需要将预算指标进行横向拆分，明确各因素之间的关联，并重点锁定那些对预算目标产生重大影响的关键因素，以便有针对性地加以控制。同时，从纵向来看，油公司还需要将预算指标层层细化，直至落实到每一个岗位和个人，确保责任部门和最终责任人的明确。预算指标的分解工作可细分为两个主要方向：一是分系统落实，即根据油公司预算管理部门的年度预算方案与各个系统项目组签订具体的责任状，明确各自的管理职责和考核方法，进而确保预算指标能够准确落实到各级节点；二是分管理层级落实，这要求各单位根据年度预算方案逐级签订承包经营合同，并清晰地界定不同管理层级的节点指标，以确保预算的层层推进和有效执行。

具体预算指标分解的要求如下：

（1）审批后的预算需严格执行，油公司下属各单位应将预算指标分横纵两条线逐级分解，并将其贯彻到各个环节和岗位，形成全方位立体化的预算执行体系。

（2）年度预算应成为组织和协调生产经营活动的基础，油公司下属各单位应将其细分为季度和月度预算以确保总体预算目标实现，同时按月向财务部门报告执行情况。

（3）在日常成本费用控制中，油公司下属各单位应完善管理规章制度，贯彻执行各级别预算计划并加强支出监控，及时调查成本费用的异常情况并提出解决方案。

（4）油公司下属各单位需建立预算报告分析制度，针对预算落实过程中所面临的问题和偏差寻找源头，查明原因，并据此提出改进建议和措施,向财务部门报告当月责任预算执行现状。

(5)各单位预算管理部门成员要严格执行油公司成本费用预算管理规定,严格掌控年度预算。因特殊原因发生的预算外成本费用开支按规定办理,油公司需要对违反规定的下属单位分管领导以及各单位、各部门主要负责人问责。

4)加强与业务部门对接,强化事中控制

在预算执行的流程中,油公司应强化对季度和月度预算的实时监控与评估。为了更精确地控制预算,应注重年度整体规划与阶段性执行。为了实现这一目标,油公司需组织三次关键会议:预算协调会、预算整合会和预算绩效评估会。预算协调会上,下属各单位围绕季度开发计划,详细对接产量和业务量,明确季度和月度的主要工作负荷;预算整合会对产量、工作量、工程进度和成本等生产经营要素进行全面平衡,并将月度整合成果以纪要形式上报;预算绩效评估会对季度和月度预算执行情况进行深入分析和检查,旨在提出具有针对性的优化和改进措施。

5.2.3　业财产效贯通,深化产本效协同配产

在低油价的冲击下,油公司需转变生产经营模式,明确问题导向,统筹优化,实现整体效益最大化。在此基础上,业务部门与财务部门合理构建产量、成本、效益一体化效益配产机制。

1)产量、成本、效益一体化效益配产总体思路

通体思路:按照效益配产"吨油效益＝油价－税费－油气折耗－弹性变动成本"的计算方法,通过产量到单井、成本到单井、效益到单井,计算出单井效益,实行单井效益高低排队,得出最佳经济

产量规模;同时综合考虑系统运行、关井与复产成本、油品销售等因素,计算出产运销最优规模运行产量,在低油价下尽可能减少亏损。具体包括:

第一,单井效益定标尺。油公司的首要目标是追求最大产能,但在此过程中,必须深入分析油藏的自然开发规律和潜在的最大开采能力,同时还应结合不同开发方式下的生产特性以及产量递减规律来确定合理的标尺。此外,油公司还应特别关注下一年单井措施、注气、注水等生产活动的预测,包括产量和工作量指标。这些预测数据必须准确、可靠,以便为配产决策提供坚实的数据支持。具体来说,预测的关键指标包括标定产量、注水产量、注气产量和措施产量等。在此基础上,单井成本配置应以开发部门确定的配注量和工作量为依据,同时结合历年的实际成本标准与规律,考虑下一年可能发生的成本变化因素。成本配置应特别关注变动成本,确保在预算中充分考虑变动成本的变化,同时严格控制固定成本的支出,确保成本配置合理、有效。最终,成本配置将基于这些标准,详细分配到单井层面,主要包括措施投入、注水(气)投入以及单项成本等。

第二,效益累加求规模。油公司需根据油价、税费、油气折耗和弹性变动成本等要素,逐一核算每个单井的效益。这种方式能够将整体运营的效益具体细化到单井层面,进而为配产决策提供准确的经济依据。在这一过程中,油公司需严格按照单井变动成本从小到大配产,以税后油价为标尺,优选效益产量。根据不同税后油价即可得出有效益井的吨油变动成本上限,从而选出不同油价下的效益初选配产方案,为下一步技术评价分析优选提供支撑。从效益贡献角度出发,单井单位变动成本小于税后油价时无任何贡献,因此以单井为最小效益贡献资源,按照单井单位变动成本从低到高排序配产,以税后油价为标尺,衡量每一口井、每一吨油的效益贡献,优选效益产量。

　　为了对油井效益进行更为精准的评价,在深入的成本分析基础上设定多层次的成本界限。一方面,以操作成本和最低运行费用作为基准,将油井初步划分为效益井、边际效益井和无效益井三大效益类别。这种分类方式能够直观地反映出油井在当前运营状态下的经济效益。另一方面,为了进一步细化评价,引入更为细致的成本界限。通过综合考虑油井对油公司整体的贡献程度,采用营运成本、生产成本和操作成本三个更为具体的成本指标,将效益井进一步细分为效益一类井、效益二类井和效益三类井。这种分类方式不仅能够更准确地反映油井的经济效益,还能够为油公司的资源优化配置和决策制定提供更为有力的支持。

　　效益一类井(公司有效益):油井的年产油及伴生产品的税后收入 > 该井的生产成本 + 应分摊的期间费用及地质勘探费用。

　　效益二类井(采油厂有效益):该井的生产成本 < 油井的年产油及伴生产品的税后收入 ≤ 该井的生产成本 + 应分摊的期间费用及地质勘探费用。

　　效益三类井(采油队有效益):该井的操作成本 < 油井的年产油及伴生产品的税后收入 ≤ 该井的生产成本。

　　边际效益井(警戒效益):该井的最低运行费用 < 油井的年产油及伴生产品的税后收入 ≤ 该井的操作成本。

　　无效益井(负效益):油井的年产油及伴生产品的税后收入 ≤ 该井的最低运行费用。

　　第三,系统平衡再优化。为实现最优经济效益,油公司需致力于结构性的调整与优化。在操作过程中,应特别关注那些高成本产量和无效益的工作量,同时综合考虑技术可行性、潜在风险以及其他相关条件。基于这些综合因素,对每一口单井的具体情况进行深入的技术分析和策略探讨,以寻求最佳的解决方案;应当注意产量与效益相结合,进一步调优产量、工作量结构,得到最佳效益配产结果,得出优化方案;将系统运行、油品优化、关停井原则作为优化条件,优化产量规模。

第四,资源集约保运行。油公司可以通过设计下述单井配产经济技术评价模型来保证单井效益方案的优化决策,使基于成本性态分析的本量利分析法、敏感性分析以及边际分析等方法得到有效体现(图5-4)。在经济技术评价模型中,效益配产模型、油井含水经济极限评价模型、油管修复与采购平衡点分析模型、深抽井经济极限评价模型、掺稀井经济极限评价模型体现了本量利分析法的应用;老井边际贡献模型、油井措施边际增油量评价模型、注水(气)三次采油边际贡献评价模型体现了边际分析法的应用;影响剩余经济可采储量的相关因素及其对油气资产折旧折耗规模的敏感性分析模型展示了敏感性分析法在评估储量和折旧折耗变动中的应用。

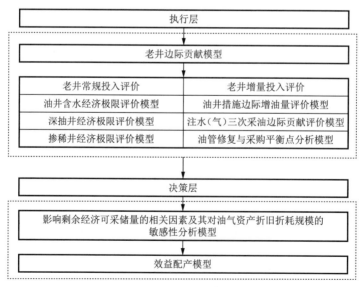

图5-4 油公司单井配产经济技术评价模型

2）产量、成本、效益一体化效益配产机制保障措施

第一，油公司需对业务预算和精细核算进行有效探索和改进，使效益配产能够精准运行。效益配产的精准运行离不开业务预算和精细核算的支撑，一是要将成本核算到"单井、单站、单岗、单线"，分别建立消耗标准，为效益配产的预算编制提供科学依据，为业务预算执行评价分析提供"标尺"；二是要深化业务预算分析，推进标准的差异分析与对标管理，不断提高效益配产成本预测的准确性。

第二，油公司需建立科学的以单井为核心进行配产预测及成本配置的方法体系。以单井为核心进行配产预测及成本配置是科学开展效益配产的根本前提，以单井为最小效益贡献资源开展油田效益配产，数据基础至关重要，其历史数据的精细程度和质量直接影响配产结果的准确性，并对经营风险的分析与判断产生重大影响。

第三，油公司需构建效益初选和技术优化相结合的运行体系。效益初选和技术优化相结合是兼顾效益目标和生产实际的核心手段，效益初选完全从效益角度出发，给出100%有效产量、工作量下的配产方案；技术优化以效益初选方案为基础，结合油藏、生产实际，调整优化，最终给出既兼顾最大效益又符合油田实际情况的可执行的配产方案。

第四，油公司需构建单井效益评价体系。单井效益评价是效益配产目标有效落实的基础支撑，借助经验图板（即基于历史数据、经验总结和统计分析所绘制并用于指导实际操作或决策的图表或模板），在措施、注水（气）前结合配产指标进行优选控制，日常通过单井投入产出分析摸清单井效益状况，明确治理重点，通过分析高成本井找出负效原因，治理改进，进行当期降本挖潜，从而保证效益配产目标有效落实。

第五,油公司应结合自身情况,构建财务、油藏、工艺、生产一体协同的运行机制。财务、油藏、工艺、生产一体协同运行机制是效益配产目标最终落实的重要保障,从效益配产至日常以效益为中心的管控落实涉及财务、油藏、工艺、生产等多个专业部门,包含提升、处理、集输等多个作业过程,需要建立制度化、一体化、常态化的全员性、系统性工作体系,保障效益配产目标最终落实。

5.2.4 业财双向参与,推行投资成本一体化管理

投资是油公司不断创造价值,最终实现价值最大化的保障,油公司投产运营后同样需要持续的投资来实现持续稳定的发展。油公司以价值为导向,指导投资决策方向,要求业务部门与财务部门双向参与投资决策活动,共享信息资源,做到效益为先,保障价值增值空间。尤其需要树立"大成本"理念,积极推行投资成本一体化运行,建立把会计全要素作为基础数据的问题分析机制,推动生产计划、投资计划和财务计划"三大计划"的深度融合。

在确保投资和成本总额不超预算的基础上,油公司采取一种新型的资源配置策略,即投资成本一体化管理。这一策略的核心在于根据油田开发的长期效益和短期收益进行综合考虑,灵活调整投资与成本的比例,以最终实现整体效益的最大化。通过优化投资与成本之间的配比关系,油公司能够更有效地利用资源,提升开发效率,从而在竞争激烈的市场环境中保持领先地位。在价值管理模式下,投资成本一体化是创造与提升油公司财务体制的基础。首先,油公司管理模式要求储量与产量一体化、勘探与开发一体化、投资与成本一体化以及短期目标与长期目标一体化。投资与成本一体化的实现有助于进一步发挥油公司体制的优势,促进油公司价值的提升。其次,投资成本一体化有助于协调投资和成本之间的动态平衡,

通过建立更为协同的使用机制,提高资金的整体利用效率。这一策略旨在同时实现成本的合理控制和投资效益的最大化,从而为油公司带来更为稳健和可持续的发展。再次,投资与成本一体化有助于提高组织运行效率,提升油公司的价值创造效率。最后,投资与成本一体化有助于提升持续的价值创造能力。老井产量保持稳定时,若新井产量出现短缺,则稳定产量的压力往往会转移到措施产量上。为了保证措施产量,油公司需要投入大量的成本,导致过度占用原本用于投资的资金。这种短视的做法会严重损害油公司的可持续发展。油公司在投资决策中实施业财深度融合,即以效益为导向,根据对价值驱动因素的分析,业务部门与财务部门共同参与投资决策活动,可实现投资成本一体化管理共享信息资源,将投资与运营和效益同时挂钩,据此对包括单井投资在内的项目投资进行分析、研究和方案选择。

1)一体化投资成本规划

编制一体化投资成本规划是油气开发项目实施完整项目管理的重要工作内容和基础,是油气开发项目中至关重要的环节。在编制一体化投资成本规划时,需要执行一系列关键步骤:

(1)收集基础信息。在编制规划之前,必须收集油气开发项目中的各种关键信息来支撑规划,包括地质信息、技术研发、政治格局、市场环境等各方面的数据。

(2)采用科学方法。传统的"水平法"规划方法可能导致项目运行效果欠佳,因此现代项目管理需要采用科学的、定量化的规划方法,如本量利分析法、盈亏平衡分析法、工程经济法等。

(3)制定合理规划。一体化投资成本规划必须覆盖项目的全生命周期和全要素,考虑项目各阶段、年度、技术、经济、市场等因素,确保规划的科学性和可行性。

2）一体化投资成本决策

在油气开发项目的投资成本决策过程中,应聚焦于提升经济效益这一核心目标,实施全面且科学的一体化论证流程,以确保投资决策的合理性与高效性。具体步骤如下:首先,油气开发项目部内的投资成本一体化管理团队负责起草投资成本决策的可行性研究报告,全面分析项目的潜在收益与风险;然后,油公司下属单位的投资成本管理团队对初步形成的投资成本决策方案进行深入论证,确保方案在实际操作中的可行性;接着,勘探与生产分公司联合相关职能部门及第三方咨询机构对投资成本决策方案进行更为细致和专业的评估,以进一步确保其科学性与合理性;完成上述论证后,决策方案将提交至油公司总部进行最终审查与批准。整个过程严格遵循"谁投资、谁决策、谁负责"的原则,对单井工程和单井的经济评价实行严格把关,坚持"先预算、后决策"的流程,从源头上控制成本,优化投资决策。

为进一步提升投资效益,油公司应根据资金来源合理确定投资规模,避免投资超支和成本挤压问题。同时,深入研究并明确各类投资项目的经济界限,坚持采用先进的设计方案并进行优化选择。在投资结构上,进行精准优化,按照项目的投资效益进行排序,优先满足勘探开发的有效需求,对高需求项目给予更多支持,并坚决避免任何无经济效益的新项目上马,确保勘探开发重点工程的投入得到有力保障。

3）一体化投资成本考核

油气开发项目投资成本一体化管理要求投资和成本同步考核

兑现。油公司下属单位在油公司总部及其勘探主管部门的领导下，通过对投资和成本执行结果进行评估，定期考核投资与成本的完成情况、控制情况以及预算管理的准确性、完整性与及时性，并以此作为奖励依据之一。

（1）投资考核。投资考核涉及对投资预算和实际执行投资进行比较分析，全面评估投资执行情况和收益情况，是投资管理的核心。油公司下属单位根据投资计划方案设定的投资考核指标，对油气开发项目的投资执行效果和收益情况进行考核。

（2）成本考核。成本考核涉及对成本预算和实际执行成本的比较分析，应当全面评估成本执行情况和目标成本实现情况。油公司下属单位根据投资成本规划方案设定的目标成本指标，对油气开发项目的成本执行情况和目标成本实现情况进行考核。

4）树立"大成本"理念，转变成本管理理念

在低油价的市场冲击下，油公司必须调整其成本管理策略，确立具有全面性和前瞻性的"大成本"理念。"大成本"理念涵盖了传统意义上的可控成本，同时也将那些由前期投资所引发的不可控成本纳入考量范围，此外还关注未来可能产生的成本，如资本成本、机会成本和风险成本等。通过树立"大成本"理念，油公司可以更加全面地审视和管理其成本活动，从而确保在较长的时期内保持竞争力并实现可持续发展。"大成本"理念主要包括以下三个方面的内容：

其一，成本分析与管控由变动成本向完全成本转变。在传统成本管理思路下，油公司吨油平均成本中只有15％的成本可控，这些成本一般属于变动成本，但由于占比低，挖潜增效有限。折旧折耗费用属于固定成本，在油公司平均吨油成本中，折旧折耗成本总

体上呈现一定的上升势头,遏制该上升势头是油公司需要关注的重点。所以,油公司不仅要考虑变动成本,还要考虑固定成本的存在,即成本分析与管控由变动成本向完全成本转变。

其二,成本管理视角从短期转变为长期。虽然短期成本管理对当年的运营有直接影响,但投资形成的长期成本对油公司而言,影响是深远而持久的。考虑到投资的长期影响,固定资产通过折旧转化为固定成本,贷款利息则成为财务费用的组成部分。这种成本一旦形成,便呈现出刚性、不可逆性和长期性的特征,不受项目盈利或亏损的直接影响,始终以固定的数额计入成本核算。为了保障油公司未来的稳健发展,必须从投资这一根本环节入手,通过精打细算来降低投资成本,进而减少未来的固定成本,提升整体效益。油公司应深刻认识到,今天的投资就是明天的成本,因此必须严格控制投资总量,避免不必要的重复建设和低效、无效投资,确保每一笔投资都发挥最大效用。同时,应着力消除瓶颈制约,通过小规模的增量投资来激活大量的存量资产,提高投资效益。此外,优化投资时间、选择合适的配套时机也是降低投资成本、提升效益的关键措施。总的来说,通过严格控制投资、降低固定成本和投资贷款利息,油公司不仅能够提升经济效益,还能为投产经营后的财务管理、成本管理、生产管理创造一个更为宽松和有利的环境。这种长期成本管理的理念对于油公司的可持续发展具有重要意义。

其三,树立机会成本意识。投资者在考虑某一投资时,所放弃的潜在收益或选择即机会成本。摒弃传统的成本观念,从机会成本的角度出发审视投资,可以使投资者在决策时考量得更加全面,分析视野更加宽广,因此投资决策也更加合理明智。树立机会成本意识有助于投资者在复杂的投资环境中作出更为科学、长远的决策。对于油公司而言,其进行成本管理以及投资等经济活动时,要展望未来,考虑机会成本,通盘考虑,作出合理科学的决策,包括:强化资本意识,强化资本成本管理,降低资本成本;重视机会成本管理,控制投资决策成本;注重风险成本管理,把风险和收益有机结合起来,通过一系列金融工具和商品工具来控制这些风险,减少未来可能产生的成本。

5.3 油公司业财深度融合赋能价值创造环节的实施策略

业财深度融合赋能价值创造环节的实施策略就是推行基于价值创造的经营财务,即以支持决策、创造价值为目标,强调日常生产经营活动的治理与执行。这一环节借助业务管理活动,通过财务部门牵头计划部门、生产部门以及销售部门,依托主体维和财务经营一体化平台系统,建立起以财资、财经和财险为核心的经营型财务管理架构,确保价值创造与提升优化决策得到有效的执行,真正实现公司价值的创造与提升,具体如图 5-5 所示。

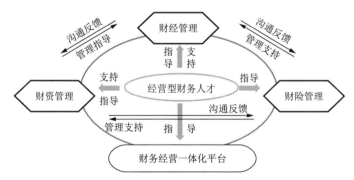

图 5-5 油公司业财深度融合赋能价值创造环节示意图

5.3.1 业财协作助力精细财资管理,强化资产资金运营管理

为合理筹划内部资源,油公司财资管理融合资产管理、税收筹划等业务活动。一方面,油公司立足资产价值增值全过程,强化资

产的日常监管和控制,确保资产投入和价值创造的高度匹配。对此,油公司需要完善基于业财融合的资产管理模式,通过财务部门牵头资产管理和使用部门,依托财务经营一体化平台,实现资产的分级精细化管理与财务和业务的协同合作;遵循资产全寿命周期的业务特点,加强资产使用的全过程跟踪和动态化管理;将资产管理与预算管理、合同管理、成本管理相融合,通过绩效考核为油公司相关的业务决策提供依据。另一方面,油公司重视内部资本运作,强化税务筹划管理,通过搭建业务联动协调机制,立足全产业链,对公司内部财金资源进行动态优化配置,并外拓多元化资金来源,着力打通内外部价值链,确保价值增值得到有效保障。

其一,油公司需在资产管理中实施业财深度融合,以资产的价值增值为目标,积极推进资产分类评价工作,全力构建"以分类评价识别资产质量,以分类质量推动提质增效"的资产经营管理体系,基于"所有资产都可以通过有效运营实现价值创造"的理念,立足资产在业务价值链中所处的关口,厘清资产管理重点,建立起常态化资产分类评价和提质增效机制。同时,制定存量资产优化配置的指导意见,紧盯三年分类治理目标,报废处置负效、无效资产,推进存量资产盘活,细化部门分工,强化财务与业务跟踪考核,确保闲置资产规模大幅下降。此外,油公司基于资产整个寿命周期进行资产统筹决策与经营,将资产的购买、建设、运营与报废退出各个阶段与预算管理、合同管理、成本管理紧密融合,落实实物资产保管人在资产清查、运营、处置各关键环节的责任,实现资产全生命周期管理环节无缝衔接、可控有效;依托财务经营一体化平台,实时更新资产状态,做到账实相符,严防业务和财务脱节;通过采用资产全寿命周期的投资核算、效能评估与经营效益评价的量化动态模型,确保资产投资与运营管理决策的科学化与效益化。

其二,油公司需立足业财深度融合对资本管控的重要意义,聚焦内部资本统筹,着力做好资金创效增效。油公司应积极探索优化其票据清欠考核机制,形成新的考核导向。一方面,率先与下属的财务公司签订票据支付协议,并积极协调财务公司、资金平台、财务部门及业务部门等各方,打通支付流程,提高票据支付效率。通过大力推行票据支付模式,减少现金支付比例,有效提升现金流管理能力,提高资金运作效率,增强资金创效水平。另一方面,应借鉴"分灶吃饭"资金管控机制及相关考核办法,本部与各下属单位之间签订《资金内部占用协议》。通过对资金占用费利息的收取,降低税务合规风险,提高油公司资金管控的积极性。借助上述策略,油公司最终可实现资金的合理配置,使有限资金能够根据业务需求进行最优投放,最大化增量现金流,提升油公司整体资金运作效益。

其三,油公司需强化财税政策研究筹划,夯实税务管理基础。油公司应通过财务经营一体化平台开发"税务管理"模块功能,落实业财深度融合策略;基于业务流程全价值链各个环节,采集、汇总、归纳税务信息,实现分地区、分法人、分税种多维度税费统计、税负分析,形成标准化税费计提管理模式,为税费分析与筹划提供准确有效的数据;紧跟资源税法、增值税税率等降费减税政策,加强与地方财税部门的沟通,争取有利的税收减税与返还政策;加强与业务部门的信息共享和政策交流,最大限度地扩大业务端费用的抵减范围,如用好用足科研费加计扣除优惠政策;建立公司税务政策法规库和风险案例库,梳理税务风险清单,定期组织各单位开展自查互查,及时发现、整改涉税风险,全面提升公司税务管理水平。

5.3.2　业财协作助力实时财经管理,动态监督把控经济运行

油公司以定期经营活动分析为载体,以效益为核心、业务为导

向,深入推进业财协同,通过推行实时财经管理,提升经营管理的科学性和实时性。定期经营活动分析是指对油公司前一阶段的执行结果进行分析,同时考虑下一阶段的工作计划和资源调整,对未来经营作出科学判断和定位,并以此指导和推动下一阶段的工作。定期经营活动分析应涵盖油公司生产经营全过程分析,包括财务状况分析、其他专项评估分析等,而不仅仅聚焦于财务分析。财务分析只是经营分析的一个基础平台,关注财务指标和计划的完成情况,而经营是围绕市场运作的一个过程,是需要具体的业务运作部门来运行的。若油公司不对自身业务进行定期分析,就难以对下一步计划目标和改进方向制定出切实可行的措施。

油藏管理区作为油公司的生产中心、成本中心与价值创造中心,是确保战略目标实现的基层组织。油公司财经管理便立足于油藏管理区,强化其经济运行管理,开展定期经营活动分析,遵循事前算赢与事后兑现原则,确保实现以月保季、以季保年的经济目标。油公司综合运用管理会计工具和财务经营一体化平台,并设置业务价值链综合评价指标,通过数据的实时、快速、无缝采集,优化财务分析评价体系,为公司成本分析、经营预测、绩效评价与风险管理决策提供有力的支持。

油公司在定期经营活动分析中实施业财深度融合,即以效益为目标,业务为导向,将财务指标与业务指标有机结合,基于内部价值链,融合油藏管理区作业成本管理和项目全寿命周期目标成本管理,将财务计划理念融入业务最前端,变原来的"源头自己算、结果财务计划算"为"全程共同算",高效推进业务全价值链的成本控制,实施业财深度融合。通过财务计划算(算长远、算战略、算关联)和业务算(算工作量与投入经济账)两个维度,将项目当前利益与公司长远发展相结合,发挥全面预算的战略引领、资源配置功能,统筹资本安排与分配。同时,对生产经营活动进行综合分析,不仅包括对财务指标的静态分析,还包括对业务活动的动态分析,整体把控油公司发展情况。

油公司以定期经营活动分析为重要抓手,全面分析公司生产经营状态,动态把控业务发展方向,以确保年度经营绩效目标的实现。在每个季度的经营活动分析会上,油公司除进行整体经营活动分析外,还根据实际运行情况,重点选取不同的项目进行单项分析,有针对性地进行对策制定。通过不断分析探索提炼,提出"业财融合进阶"概念,为公司以及各个采油管理区业务组织与财务组织有效工作提供重要抓手,通过价值链环节的业财深度融合引领,实现公司价值规划、价值创造与价值分配的有效融合,并基于财务经营一体化平台完善基础数据库,建立内部管理报告体系,确保价值创造与提升优化决策得到有效执行,使得业财组织融合、业财信息融合观念深入人心。

5.3.3 业财协作助力常态财险管理,着力完善风险防控管理

2021年,国务院国资委印发《关于加强地方国有企业债务风险管控工作的指导意见》,要求立足地方国有企业债务风险管控长效机制建设,督促指导企业通过全面深化改革破解风险难题,有效增强抗风险能力。可见,风险管控乃是重中之重。油公司应充分认识到业财深度融合对管控油公司风险的重要性,积极探索有效提升业财深度融合水平的措施,推动公司有效进行风险控制工作。

首先,油公司应健全内控常态化运行机制,落实"三书、两报告"财务责任制度。以风险管理为导向,以依法合规为目标,以业财深度融合为行动指南,持续强化内控与风控工作责任意识,发挥内控职能,切实抓好内控责任落实、宣贯、自查及日常管理工作;以

保障制度流程完整性、提高内控与风险管控体系有效性为目标,充分考虑战略风险、市场风险、财务风险、法律风险与经营风险,组织各业务内控流程穿行测试,并对控制活动中的关键控制进行预判及标识,针对"设计有效"的"关键控制活动"开展执行有效性测试,为下一步修订完善制度打好基础;落实"三书、两报告"财务责任制度,构建分工明确、责任到人的网格化管理体系,以财务经营一体化平台为支撑,推进财务风险全过程管理,确保财务风险受控,促进业务管理规范。

其次,油公司应构建"全面覆盖、责任清晰、联动管理、规范高效"的会计工作网格化管理体系,明确职责分工,落实管理责任,形成常态化运行机制,防范财务管理风险,提高会计信息质量。与此同时,油公司需要精准识别业务全价值链中的资金、税务、违约、信用等重要风险节点,从源头严防风险的发生。具体来说,油公司需梳理管理口径下全部银行账户,注销没有使用价值的银行账户;与合同部门结合,在验收时点、付款方式、质保金比例及期限等合同条款上做明确规定,从源头上杜绝逾期支付法律风险的发生。另外,油公司可根据分公司提高外闯市场质量的要求,规避款项不能收回的风险,要求各单位外闯收入先收款再开发票,并且在债权债务系统进行确认,有效降低资金风险。

最后,油公司还需要优化流程节点,持续降低经营风险。修改完善合同管理办法,增加合同管理首问负责制等条款,更新监督、检查与考核等内容;优化重点复杂合同项目管理流程,加强对合同项目的风险分析和支持服务,通过优化代理合同表单资料,将合同业务风险管控与运行效率有机统一,通过优化合同审批流程有效避免经营风险;强化市场关键环节管理,加深与承包商的规范化合作,按照"谁引进谁负责,谁使用谁负责"和"管业务必须管承包商"的原则,强化安全环保质量、重点关键环节和经营行为合规性的监管。为有效提升经营风险管控能力,规避市场运行法律风险,油公司应组织开展全公司范围的市场秩序整顿自查自改活动,将合同管理规范、采购招投标合规、财务管理与资金合规、安全环保与合规运营、分包与用工合规等方面作为整顿工作的重心,确保依法依规整顿工作取得长期明显成效。

5.4 油公司业财深度融合赋能价值分配环节的实施策略

价值规划与价值创造环节业财融合及其实施效果涉及多层次主体的利益,迫切需要油公司创新价值分配环节管理,强化价值分配考核,明晰业务主体与财务主体的权责利,保证业财融合深度与广度的持续推进。价值规划与价值创造环节业财融合不仅为油公司的价值分配提供了全面的财务信息与业务信息,还丰富了价值分配考核指标体系。为此,油公司推行管理财务,以管理财务为保障,主导绩效考核,完善公司激励与约束机制,从以往的指标控制型转变为经营目标管理型。油公司业财深度融合赋能价值分配环节的实施策略就是推行基于价值分配的管理财务,即基于财务评价在公司绩效评价中的核心地位,承担绩效考核职能。以业绩评价与考核作为价值分配环节业财深度融合的抓手,突出价值引领和效益导向,完善考核引领机制,深化全层级价值化考核,推动岗位围绕业务创效,风险围绕业务防范。

5.4.1 基于业财融合的油公司绩效评价指标体系设计

首先,从油公司战略出发,通过对油公司内外部环境进行SWOT(strengths 优势、weaknesses 劣势、opportunities 机会和 threats

威胁)分析,明确自身条件,制定适合油公司发展的战略目标。然后,对战略目标进行分解,将整体战略目标逐层分解至各维度,形成维度目标。接着,根据维度目标,结合业财融合特征设计各维度内指标。最后,借助层次分析法、模糊综合评价法与问卷调查法对每个指标的权重进行统计与计算,分别得出每个维度内指标的权重占比和整个体系之下每个指标的综合占比,进而形成基于业财融合的油公司绩效评价指标体系。

1)油公司战略定位

在业财融合背景下,绩效评价目标来源于油公司战略目标,构建平衡计分卡体系的首要任务也是明确油公司战略目标。通过对油公司的内外部环境进行综合分析,明确其自身优势、劣势、机会与威胁,可以更加准确地制定油公司战略目标。油公司 SWOT 分析如图 5-6 所示。

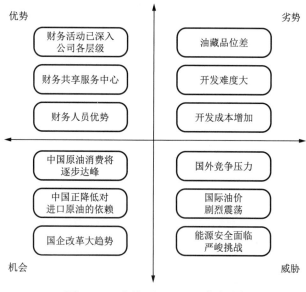

图 5-6 油公司 SWOT 分析图

通过图 5-6 可以直观地了解油公司所处的发展环境以及自身特征。从内部来看,油公司的财务活动已经跨越单纯的部门内部工作,深入公司各层级,包括决策层、管理层与操作层;财务共享服务中心的成立及快速发展进一步实现了公司核算集中化和流程精细化;公司还注重人力资源优化和盘活,把每一个人才放到合适的位置,做到人岗相宜、人事匹配。与此同时,从储量和产量情况来看,油公司油藏品位差、开发难度大,多属高致密、超稠油油藏,且规模小、分布散,存在开发成本高等难点,需要引起重视。

从外部环境来看,随着"双碳"政策的不断落实,我国原油消费将逐步达峰,同时政府已经开始加强对进口原油的严格管制,以降低对进口原油的依赖性。另外,近年来我国企业不断深化改革,加强与国际接轨,对于油公司来说机遇与挑战并存。国外同时期存在空前的竞争压力,国际油价剧烈震荡,各国对能源安全的关注度上升,这些均使得油公司面临成本控制与发展空间上的挑战。

油公司应该充分发挥自身优势条件,借助外部市场环境与政策支持,加强自身专业技能,同时结合自身发展阶段与市场竞争机制优化管理制度,尤其保证人员稳定与人才充足。综合战略管理理论与 SWOT 工具分析,油公司应将成本领先战略与发展型战略结合起来,以扩大市场份额、优化成本策略、加强技术建设、优化业务流程为主线,积极响应国家发展趋势,逐步实现价值提升。为了确保上述战略的有效实施,油公司需要优化绩效考核体系,突出价值引领作用,健全绩效考核机制,既融入财务评价方面的收入和利润等指标以及财务监督的费用和成本这些反馈指标,又融入业务方面的一些核心指标,将业务和财务、监督和反馈等维度紧密结合起来,增加业绩指标丰富度,深化全层级价值化考核,推进全产业链、全要素、全过程的价值创造。

2）指标体系的设计

从战略目标出发,考虑到国务院国资委的考核要求和"创新、协调、绿色、开放、共享"的新发展理念,结合油公司的特点,将目标细化到公司使命、股东回报、科技创新、运营管理、风险防控、绿色发展、持续经营和职工发展 8 个维度,以考核油公司业财深度融合赋能价值管理的成效。

（1）公司使命维度。油公司作为国有企业,肩负保障国家能源安全与推动地方经济发展的社会责任。鉴于此,选取"贡献国家"和"地方创效"2 个指标,引导油公司承担好国有企业的特殊使命。

表 5-7　公司使命维度指标

一级指标	二级指标	三级指标
公司使命 A_1	贡献国家 B_1	油公司总资产 C_1
		行业市场地位 C_2
	地方创效 B_2	重大工程项目投资 C_3
		税费贡献率 C_4

（2）股东回报维度。效益创造是油公司价值管理的根本保证,是公司存续和发展的基础。股东回报指标重视股东资本回报,聚焦油公司的价值创造,重点关注公司利润积累与创收能力,切实落实国务院国资委对投资回报的考核要求,重点包括利润、经济增加值和股东资本回报 3 个指标。

表 5-8　股东回报维度指标

一级指标	二级指标	三级指标
股东回报 A_2	利润 B_3	利润总额 C_5
		净利润 C_6
		营业利润率 C_7

一级指标	二级指标	三级指标
股东回报 A_2	经济增加值 B_4	吨油气利润 C_8
		经济增加值（EVA）C_9
	股东资本回报 B_5	净资产收益率 C_{10}
		已占用资本回报率（ROCE）C_{11}

（3）科技创新维度。科技创新是油公司价值提升的关键变革，是加快公司生产结构转型和未来发展的驱动力。科技创新指标主要包括创新投入、创新成果、创新载体和创新保障，重在引导公司切实执行创新驱动发展战略，并强调创新投入产出评价，促使公司谨慎调控创新投入方向，加大创新投入力度。

表5-9 科技创新维度指标

一级指标	二级指标	三级指标
科技创新 A_3	创新投入 B_6	研发经费投入 C_{12}
		研发投入增长率 C_{13}
	创新成果 B_7	资本支出占比 C_{14}
		科研成果获奖、授予专利数量 C_{15}
	创新载体 B_8	内部研发中心、合作研发基地等平台数量 C_{16}
		创新工作平台投入 C_{17}
	创新保障 B_9	科技成果转化机制建设 C_{18}
		科技成果转化数量 C_{19}

（4）运营管理维度。运营能力提升是实现油公司业财深度融合的重点目标。围绕油公司资本运营效率，以资产资金管理与成本管控为切入点，通过设置内部流程、现金流保障、成本管控和周转能力4个营运管控指标，促进油公司规范改善内部流程，提高资金资产管控能力，降低生产成本，加快周转速度，达到降本增效的目的。

表 5-10　运营管理维度指标

一级指标	二级指标	三级指标
运营管理 A_4	内部流程 B_{10}	业务差错率 C_{20}
		工程合格率 C_{21}
	现金流保障 B_{11}	经营现金流 C_{22}
		"两金"占收比 C_{23}
		油气单位现金操作成本 C_{24}
	成本管控 B_{12}	成本费用占收比 C_{25}
		油气单位完全成本 C_{26}
		油气开发成本 C_{27}
	周转能力 B_{13}	总资产周转率 C_{28}
		应收款项回收期 C_{29}

（5）风险防控维度。风险防控能力是油公司价值创造的重要保证。为防控油公司高杠杆引发的高财务风险问题和生产过程中面临的生态安全问题,可设置债务风险和生态、安全风险防控能力指标,引导公司稳杠杆、重管理、降风险,提高风险防控质量。

表 5-11　风险防控维度指标

一级指标	二级指标	三级指标
风险防控 A_5	债务风险 B_{14}	资产负债率 C_{30}
		带息负债比率、规模 C_{31}
	生态、安全风险 B_{15}	安全设备购入支出 C_{32}
		环保设备购入支出 C_{33}
		土地修复费用 C_{34}

（6）绿色发展维度。绿色生产是绿色发展大环境下对油公司提出的要求。绿色发展指标主要考虑油公司的生态文明建设责任和碳排放配额管制,通过设置大气污染物排放量下降率指标,衡量公司环境治理质量与效率,提高公司安全环保水平,实现绿色低碳高质量发展。

表 5-12　绿色发展维度指标

一级指标	二级指标	三级指标
绿色发展 A_6	大气污染物排放量下降率 B_{16}	吨油气碳排放量 C_{35}
		万元产值大气污染物排放量 C_{36}
		吨油气综合消耗 C_{37}
		万元产值水污染物排放量 C_{38}
		万元营业收入危险废物外委处置量 C_{39}

（7）持续经营维度。持续发展能力是油公司保持市场地位与竞争优势、长期稳健成长能力,进而利用业财深度融合赋能价值管理的重要前提。持续经营指标设置重点突出了油区开采能力、增长能力和员工创效能力 3 个指标,引导油公司从人力资源管控、经营资本投入和经营创效 3 个维度全面把控价值管理成果。

表 5-13　持续运营维度指标

一级指标	二级指标	三级指标
持续经营 A_7	油区开采能力 B_{17}	SEC 原油剩余经济可采储量 C_{40}
		原油/天然气储采比 C_{41}
		储量替代率 C_{42}
		稀油自然递减率 C_{43}
		原油产量 C_{44}
	增长能力 B_{18}	百万吨产能建设投资 C_{45}
		原油盈亏平衡点 C_{46}
		营业收入增长率 C_{47}
	员工创效能力 B_{19}	全员劳动生产率 C_{48}

注:SEC 原油剩余经济可采储量即按照美国证券交易委员会(SEC)规定的评估方法计算的、在当前经济和运营条件下可开采的原油储量。

（8）职工发展维度。提高职工专业度和满意度是油公司实现业财深度融合赋能价值管理的人才保障与责任体现。油公司通过设置发展培养和激励机制 2 个发展指标,反映公司在人才建设方面的培育能力。油公司通过不断提升人员专业技能,为员工赋能,帮助员工实现自身价值,同时为业务流程提供充足的人力保障,让公司的发展更为高效。

表 5-14　职工发展维度

一级指标	二级指标	三级指标
职工发展 A_8	发展培养 B_{20}	人才流动机制 C_{49}
		职工晋升机制 C_{50}
		职工培训进修机制(培训次数、覆盖人数等)C_{51}
	激励机制 B_{21}	薪酬制度 C_{52}
		员工持股比例 C_{53}

3）指标体系的构建

在对各级指标进行选取和确定后,结合油公司实际情况构建起 8 个一级指标、21 项二级指标和 53 项三级指标的基于业财融合的油公司绩效评价指标体系,见表 5-15。

表 5-15　基于业财融合的油公司绩效评价指标体系

一级指标	二级指标	三级指标
公司使命 A_1	贡献国家 B_1	油公司总资产 C_1
		行业市场地位 C_2
	地方创效 B_2	重大工程项目投资 C_3
		税费贡献率 C_4
股东回报 A_2	利润 B_3	利润总额 C_5
		净利润 C_6
		营业利润率 C_7
	经济增加值 B_4	吨油气利润 C_8
		经济增加值(EVA)C_9
	股东资本回报 B_5	净资产收益率 C_{10}
		已占用资本回报率(ROCE)C_{11}

一级指标	二级指标	三级指标
科技创新 A_3	创新投入 B_6	研发经费投入 C_{12}
		研发投入增长率 C_{13}
	创新成果 B_7	资本支出占比 C_{14}
		科研成果获奖、授予专利数量 C_{15}
	创新载体 B_8	内部研发中心、合作研发基地等平台数量 C_{16}
		创新工作平台投入 C_{17}
	创新保障 B_9	科技成果转化机制建设 C_{18}
		科技成果转化数量 C_{19}
运营管理 A_4	内部流程 B_{10}	业务差错率 C_{20}
		工程合格率 C_{21}
	现金流保障 B_{11}	经营现金流 C_{22}
		"两金"占收比 C_{23}
		油气单位现金操作成本 C_{24}
	成本管控 B_{12}	成本费用占收比 C_{25}
		油气单位完全成本 C_{26}
		油气开发成本 C_{27}
	周转能力 B_{13}	总资产周转率 C_{28}
		应收款项回收期 C_{29}
风险防控 A_5	债务风险 B_{14}	资产负债率 C_{30}
		带息负债比率、规模 C_{31}
	生态、安全风险 B_{15}	安全设备购入支出 C_{32}
		环保设备购入支出 C_{33}
		土地修复费用 C_{34}
绿色发展 A_6	大气污染物排放量下降率 B_{16}	吨油气碳排放量 C_{35}
		万元产值大气污染物排放量 C_{36}
		吨油气综合消耗 C_{37}
		万元产值水污染物排放量 C_{38}
		万元营业收入危险废物外委处置量 C_{39}

一级指标	二级指标	三级指标
持续经营 A_7	油区开采能力 B_{17}	SEC原油剩余经济可采储量 C_{40}
		原油/天然气储采比 C_{41}
		储量替代率 C_{42}
		稀油自然递减率 C_{43}
		原油产量 C_{44}
	增长能力 B_{18}	百万吨产能建设投资 C_{45}
		原油盈亏平衡点 C_{46}
		营业收入增长率 C_{47}
	员工创效能力 B_{19}	全员劳动生产率 C_{48}
职工发展 A_8	发展培养 B_{20}	人才流动机制 C_{49}
		职工晋升机制 C_{50}
		职工培训进修机制（培训次数、覆盖人数等） C_{51}
	激励机制 B_{21}	薪酬制度 C_{52}
		员工持股比例 C_{53}

5.4.2 基于业财融合的油公司绩效评价指标权重

1）基于业财融合的油公司绩效评价指标权重计算方法

在初步建立起基于业财融合的油公司绩效评价指标体系后,确定每个指标的权重是后续工作的重要一环。由于绩效评价指标中既有定量指标又有定性指标,因此采用层次分析法和模糊综合评价法综合确定各项指标的权重。首先,根据层次分析法将定性和定量指标划分成不同的层次,通过专家打分的方式判断各层次、各指标的重要性程度,并将收集上来的问卷进行整理分析,运用矩阵的方式对每一层指标权重进行计算,经过一致性检验后,将各个层次的指标权重进行加权计算,进而得出各指标的权重系数。然后,对于定性指标,采用模糊综合评价法进行评价,通过发放调查问卷和座谈访谈的方式进行数据收集,在对数据进行检验后,将定性指标转化成定量数据进行评价,最终得出各个指标的权重系数。

2)层次分析法确定基于业财融合的油公司绩效评价指标权重

层次分析法是由美国运筹学家托马斯·L.萨蒂(T. L. Saaty)提出的系统性方法,专门用于应对复杂问题。它融合了定量与定性分析,旨在辅助多层次复杂问题的决策。在此过程中,层次分析法首先将影响因素拆解成若干层次,并为每一层设定具体的影响指标,然后对同一层次中的各个指标进行成对比较。经过一致性检验后,利用矩阵分析与计算确定各指标的权重。简而言之,其基本操作步骤如图 5-7 所示。

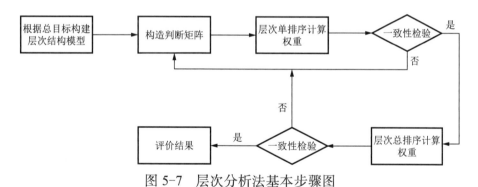

图 5-7 层次分析法基本步骤图

(1)根据总目标构建层次结构模型。将总目标分解成多个不同层级的组成因素,如一级指标、二级指标、三级指标等不同层级的递阶层次结构。

(2)构造判断矩阵。根据构建的层次结构模型,选用表 5-16 中的 1~9 级标度法将相同层级的不同指标进行两两比较,对其重要性程度进行赋值。然后对专家调查问卷的结果进行分析,测算出重要性平均值,从而得出判断矩阵,见表 5-17。

表 5-16　层次分析法中 1～9 级标度及其含义

重要性标度 a_{ij}	定　义
1	i 因素与 j 因素同等重要
3	i 因素比 j 因素略重要
5	i 因素比 j 因素较重要
7	i 因素比 j 因素非常重要
9	i 因素比 j 因素绝对重要
2,4,6,8	上述相邻判断的中间状态的标度值
倒　数	若因素 i 与 j 的重要性之比为 a_{ij}， 则因素 j 与 i 的重要性之比为 $a_{ji} = 1/a_{ij}$

表 5-17　判断矩阵的一般形式

指　标	A_1	A_2	...	A_n
A_1	a_{11}	a_{12}	...	a_{1n}
A_2	a_{21}	a_{22}	...	a_{2n}
$\vdots$	$\vdots$	$\vdots$	$\vdots$	$\vdots$
A_n	a_{n1}	a_{n2}	...	a_{nn}

　　通过专家问卷调查法来确定基于业财融合的油公司绩效评价指标权重,共有 60 名专家参与问卷填写,包括油气专家、油气行业管理层及普通员工、财政专家、审计专家。其中,专家具有相应职称,在行业领域中具有多年的从业经验,同时多次参与绩效评价工作并熟悉绩效评价的工作流程;油气行业管理层人员具有丰富的项目管理经验并参与过类似的绩效评价工作;油气行业普通员工身处业务一线,能够最真切地了解油公司的业务运作如何产生效益。此次,专家调查问卷共发出 60 份,收回有效问卷 55 份,问卷的有效性通过问卷内容的完整性和回收情况进行判断。参与问卷调查的专家基本情况见表 5-18。

表 5-18 参与问卷调查的专家基本情况统计表

分 类	基本信息	问卷数量/份	比例/%
工作单位	高 校	12	20
	油公司	20	33
	财政局	18	30
	审计局	6	10
	会计师事务所	4	7
学历情况	博 士	26	43
	硕 士	18	30
	大学本科	14	23
	专 科	2	4
工作年限	≤5 年	6	10
	>5～<10 年	20	33
	≥10 年	34	57

接下来,本书通过层次单排序和一致性检验分析专家对各指标重要性的意见,最终整理出各个层级的判断矩阵。

层次单排序是层次分析法的关键步骤,即在每个判断矩阵中求解其最大特征根 λ_{max} 及相应的特征向量。专家在打分时,由于学历、背景等不同,在对指标的重要性进行两两比较时可能会出现一定程度的偏差,因此在层次单排序后需要进行一致性检验,以确保数据的有效性。具体步骤如下:

在对专家打分的数据进行层次单排序前先归一化处理判断矩阵 E 的每一列指标:

$$b_{ij} = a_{ij}/\sum_{i=1}^{n} a_{ij}$$

将归一化处理后的指标按行相加,得到特征向量 $\overline{W}$:

$$\overline{W} = (\overline{W}_1 \quad \overline{W}_2 \quad \cdots \quad \overline{W}_n)^{\mathrm{T}}$$

其中
$$\overline{W}_i = \sum_{j=1}^{n} b_{ij}$$

对特征向量进行归一化处理,得出特征向量的权重向量 $\boldsymbol{W}$:

$$\boldsymbol{W} = (W_1 \quad W_2 \quad \cdots \quad W_n)^{\mathrm{T}}$$

其中
$$W_i = \overline{W}_i \Big/ \sum_{i=1}^{n} \overline{W}_i$$

根据判断矩阵 $\boldsymbol{E}$,计算最大特征根 $\lambda_{\max}$ 的值:

$$\lambda_{\max} = \sum_{i=1}^{n} \frac{(\boldsymbol{E} \cdot \boldsymbol{W})_i}{n \cdot W_i}$$

根据 $\lambda_{\max}$ 的结果,对一致性指标 CI 进行计算:

$$CI = \frac{\lambda_{\max} - n}{n - 1}$$

根据 CI 和随机一致性指标 RI 计算一致性比率 CR 的值:

$$CR = \frac{CI}{RI}$$

将 CR 的计算结果与 0.1 进行比较,如果 $CR \leqslant 0.1$,说明判断矩阵一致性程度较高,一致性检验通过,可以将特征向量作为指标权重使用。

① 一级指标权重。根据有效问卷进行数据整理得到各维度间的判断矩阵以及各维度内关键指标的判断矩阵,具体数据见表5-19。

表 5-19　一级指标专家打分表

指　　标	A_1	A_2	A_3	A_4	A_5	A_6	A_7	A_8
公司使命 A_1	1	3	6	6	4	6	3	2
股东回报 A_2	1/3	1	5	5	4	5	1/3	2
科技创新 A_3	1/6	1/5	1	2	1/5	2	1/5	1/3

指　标	A_1	A_2	A_3	A_4	A_5	A_6	A_7	A_8
运营管理 A_4	1/6	1/5	1/2	1	1/3	4	1/7	1/3
风险防控 A_5	1/4	1/4	5	3	1	5	1/5	1/3
绿色发展 A_6	1/6	1/5	1/2	1/4	1/5	1	1/7	1/5
持续经营 A_7	1/3	3	5	7	5	7	1	2
职工发展 A_8	1/2	1/2	3	3	3	5	1/2	1

$$判断矩阵\ E=\begin{bmatrix} 1 & 3 & 6 & 6 & 4 & 6 & 3 & 2 \\ 1/3 & 1 & 5 & 5 & 4 & 5 & 1/3 & 2 \\ 1/6 & 1/5 & 1 & 2 & 1/5 & 2 & 1/5 & 1/3 \\ 1/6 & 1/5 & 1/2 & 1 & 1/3 & 4 & 1/7 & 1/3 \\ 1/4 & 1/4 & 5 & 3 & 1 & 5 & 1/5 & 1/3 \\ 1/6 & 1/5 & 1/2 & 1/4 & 1/5 & 1 & 1/7 & 1/5 \\ 1/3 & 3 & 5 & 7 & 5 & 7 & 1 & 2 \\ 1/2 & 1/2 & 3 & 3 & 3 & 5 & 1/2 & 1 \end{bmatrix}$$

将判断矩阵 E 进行归一化处理,得到归一化矩阵:

$$E'=\begin{bmatrix} 0.342\,9 & 0.359\,3 & 0.230\,8 & 0.220\,2 & 0.225\,6 & 0.171\,4 & 0.543\,6 & 0.243\,9 \\ 0.114\,3 & 0.119\,8 & 0.192\,3 & 0.183\,5 & 0.225\,6 & 0.142\,9 & 0.060\,4 & 0.243\,9 \\ 0.057\,1 & 0.024\,0 & 0.038\,5 & 0.073\,4 & 0.011\,3 & 0.057\,1 & 0.036\,2 & 0.040\,7 \\ 0.057\,1 & 0.024\,0 & 0.019\,2 & 0.036\,7 & 0.018\,8 & 0.114\,3 & 0.025\,9 & 0.040\,7 \\ 0.085\,7 & 0.029\,9 & 0.192\,3 & 0.110\,1 & 0.056\,4 & 0.142\,9 & 0.036\,2 & 0.040\,7 \\ 0.057\,1 & 0.024\,0 & 0.019\,2 & 0.009\,2 & 0.011\,3 & 0.028\,6 & 0.025\,9 & 0.024\,4 \\ 0.114\,3 & 0.359\,6 & 0.192\,3 & 0.265\,9 & 0.282\,0 & 0.200\,0 & 0.181\,2 & 0.243\,9 \\ 0.171\,4 & 0.059\,9 & 0.115\,4 & 0.110\,1 & 0.169\,2 & 0.142\,9 & 0.090\,6 & 0.122\,0 \end{bmatrix}$$

对矩阵 E' 每一行求和得到相应的特征向量:

$$\overline{W}=(2.337\,6\quad 1.282\,6\quad 0.338\,3\quad 0.336\,6\quad 0.694\,2\quad 0.199\,6\quad 1.829\,8\quad 0.981\,4)^{\mathrm{T}}$$

将特征向量进行归一化处理,得到权重向量:

$$W=(0.292\,2\quad 0.160\,3\quad 0.042\,3\quad 0.042\,1\quad 0.086\,8\quad 0.025\,0\quad 0.228\,7\quad 0.122\,6)^{\mathrm{T}}$$

由判断矩阵 E 与权重向量 W 计算得到 $\lambda_{max}=8.8502$ 。由此可得，一致性指标 $CI=0.1215$，则 $CR=CI/RI=0.0893<0.1$，一致性检验通过。

因此，一级指标权重分别为（29.22％，16.03％，4.23％，4.21％，8.68％，2.50％，22.87％，12.26％）。

② 二级指标权重。通过上述计算方法得出各个二级指标的权重，详见表 5-20 至表 5-26。

根据表 5-20 的判断矩阵表，可以得出 $CR<0.1$，一致性检验通过，因此公司使命 A_1 的二级指标权重分别为（75.00％，25.00％）。

表 5-20　公司使命 A_1 二级指标判断矩阵及各指标权重计算表

指　标	B_1	B_2	权　重	最大特征值	CI	CR
贡献国家 B_1	1	3	75.00％	2.0000	0	0
地方创效 B_2	1/3	1	25.00％			

根据表 5-21 的判断矩阵表，可以得出 $CR<0.1$，一致性检验通过，因此股东回报 A_2 的二级指标权重分别为（53.90％，29.73％，16.37％）。

表 5-21　股东回报 A_2 二级指标判断矩阵及各指标权重计算表

指　标	B_3	B_4	B_5	权　重	最大特征值	CI	CR
利润 B_3	1	2	3	53.90％	3.0092	0.0046	0.0089
经济增加值 B_4	1/2	1	2	29.73％			
股东资本回报 B_5	1/3	1/2	1	16.37％			

根据表 5-22 的判断矩阵表，可以得出 $CR<0.1$，一致性检验通过，因此科技创新 A_3 的二级指标权重分别为（46.58％，27.71％，16.11％，9.60％）。

表 5-22　科技创新 A_3 二级指标判断矩阵及各指标权重计算表

指　标	B_6	B_7	B_8	B_9	权　重	最大特征值	CI	CR
创新投入 B_6	1	2	3	4	46.58%			
创新成果 B_7	1/2	1	2	3	27.71%	4.031 0	0.010 3	0.011 6
创新载体 B_8	1/3	1/2	1	2	16.11%			
创新保障 B_9	1/4	1/3	1/2	1	9.60%			

根据表 5-23 的判断矩阵表,可以得出 $CR < 0.1$,一致性检验通过,因此运营管理 A_4 的二级指标权重分别为(14.47%,49.11%,27.20%,9.22%)。

表 5-23　运营管理 A_4 二级指标判断矩阵及各指标权重计算表

指　标	B_{10}	B_{11}	B_{12}	B_{13}	权　重	最大特征值	CI	CR
内部流程 B_{10}	1	1/3	1/3	2	14.47%			
现金流保障 B_{11}	3	1	3	4	49.11%	4.160 8	0.053 6	0.060 2
成本管控 B_{12}	3	1/3	1	3	27.20%			
周转能力 B_{13}	1/2	1/4	1/3	1	9.22%			

根据表 5-24 的判断矩阵表,可以得出 $CR < 0.1$,一致性检验通过,因此风险防控 A_5 的二级指标权重分别为(80.00%,20.00%)。

表 5-24　风险防控 A_5 二级指标判断矩阵及各指标权重计算表

指　标	B_{14}	B_{15}	权　重	最大特征值	CI	CR
债务风险 B_{14}	1	4	80.00%	2.000 0	0	0
生态、安全风险 B_{15}	1/4	1	20.00%			

根据表 5-25 的判断矩阵表,可以得出 $CR < 0.1$,一致性检验通过,因此持续经营 A_7 的二级指标权重分别为(25.19%,58.89%,15.92%)。

表 5-25　持续经营 A_7 二级指标判断矩阵及各指标权重计算表

指　标	B_{17}	B_{18}	B_{19}	权　重	最大特征值	CI	CR
油区开采能力 B_{17}	1	1/3	2	25.19%			
增长能力 B_{18}	3	1	3	58.89%	3.053 9	0.027 0	0.051 8
员工创效能力 B_{19}	1/2	1/3	1	15.92%			

根据表 5-26 的判断矩阵表,可以得出 $CR < 0.1$,一致性检验通过,因此职工发展 A_8 的二级指标权重分别为(66.67%,33.33%)。

表 5-26　职工发展 A_8 二级指标判断矩阵及各指标权重计算表

指　标	B_{20}	B_{21}	权　重	最大特征值	CI	CR
发展培养 B_{20}	1	2	66.67%			
激励机制 B_{21}	1/2	1	33.33%	2.000 0	0	0

③ 三级指标权重。继续采用上述方法,计算各个维度下三级指标的权重,详见表 5-27 至表 5-46。

根据表 5-27 的判断矩阵表,可以得出 $CR < 0.1$,一致性检验通过,因此贡献国家 B_1 的二级指标权重分别为(75.00%,25.00%)。

表 5-27　贡献国家 B_1 二级指标判断矩阵及各指标权重计算表

指　标	C_1	C_2	权　重	最大特征值	CI	CR
油公司总资产 C_1	1	3	75.00%			
行业市场地位 C_2	1/3	1	25.00%	2.000 0	0	0

根据表 5-28 的判断矩阵表,可以得出 $CR < 0.1$,一致性检验通过,因此地方创效 B_2 的二级指标权重分别为(33.33%,66.67%)。

表 5-28　地方创效 B_2 二级指标判断矩阵及各指标权重计算表

指　标	C_3	C_4	权　重	最大特征值	CI	CR
重大工程项目投资 C_3	1	1/2	33.33%			
税费贡献率 C_4	2	1	66.67%	2.000 0	0	0

根据表 5-29 的判断矩阵表,可以得出 $CR < 0.1$,一致性检验通过,因此利润 B_3 的二级指标权重分别为(11.99％,60.80％,27.21％)。

表 5-29　利润 B_3 二级指标判断矩阵及各指标权重计算表

指　标	C_5	C_6	C_7	权　重	最大特征值	CI	CR
利润总额 C_5	1	1/4	1/3	11.99％			
净利润 C_6	4	1	3	60.80％	3.074 1	0.037 1	0.071 3
营业利润率 C_7	3	1/3	1	27.21％			

根据表 5-30 的判断矩阵表,可以得出 $CR < 0.1$,一致性检验通过,因此经济增加值 B_4 的二级指标权重分别为(25.00％,75.00％)。

表 5-30　经济增加值 B_4 二级指标判断矩阵及各指标权重计算表

指　标	C_8	C_9	权　重	最大特征值	CI	CR
吨油气利润 C_8	1	1/3	25.00％			
经济增加值(EVA) C_9	3	1	75.00％	2.000 0	0	0

根据表 5-31 的判断矩阵表,可以得出 $CR < 0.1$,一致性检验通过,因此股东资本回报 B_5 的二级指标权重分别为(33.33％,66.67％)。

表 5-31　股东资本回报 B_5 二级指标判断矩阵及各指标权重计算表

指　标	C_{10}	C_{11}	权　重	最大特征值	CI	CR
净资产收益率 C_{10}	1	1/2	33.33％			
已占用资本回报率(ROCE) C_{11}	2	1	66.67％	2.000 0	0	0

根据表 5-32 的判断矩阵表,可以得出 $CR < 0.1$,一致性检验通过,因此创新投入 B_6 的二级指标权重分别为(75.00％,25.00％)。

表 5-32 创新投入 B_6 二级指标判断矩阵及各指标权重计算表

指 标	C_{12}	C_{13}	权 重	最大特征值	CI	CR
研发经费投入 C_{12}	1	3	75.00%			
研发投入增长率 C_{13}	1/3	1	25.00%	2.000 0	0	0

根据表 5-33 的判断矩阵表,可以得出 $CR < 0.1$,一致性检验通过,因此创新成果 B_7 的二级指标权重分别为(33.33%,66.67%)。

表 5-33 创新成果 B_7 二级指标判断矩阵及各指标权重计算表

指 标	C_{14}	C_{15}	权 重	最大特征值	CI	CR
资本支出占比 C_{14}	1	1/2	33.33%			
科研成果获奖、授予专利数量 C_{15}	2	1	66.67%	2.000 0	0	0

根据表 5-34 的判断矩阵表,可以得出 $CR < 0.1$,一致性检验通过,因此创新载体 B_8 的二级指标权重分别为(25.00%,75.00%)。

表 5-34 创新载体 B_8 二级指标判断矩阵及各指标权重计算表

指 标	C_{16}	C_{17}	权 重	最大特征值	CI	CR
内部研发中心、合作研发基地等平台数量 C_{16}	1	1/3	25.00%			
创新工作平台投入 C_{17}	3	1	75.00%	2.000 0	0	0

根据表 5-35 的判断矩阵表,可以得出 $CR < 0.1$,一致性检验通过,因此创新保障 B_9 的二级指标权重分别为(66.67%,33.33%)。

表 5-35 创新保障 B_9 二级指标判断矩阵及各指标权重计算表

指 标	C_{18}	C_{19}	权 重	最大特征值	CI	CR
科技成果转化机制建设 C_{18}	1	2	66.67%			
科技成果转化数量 C_{19}	1/2	1	33.33%	2.000 0	0	0

根据表 5-36 的判断矩阵表,可以得出 $CR < 0.1$,一致性检验通过,因此内部流程 B_{10} 的二级指标权重分别为(66.67%,33.33%)。

表 5-36　内部流程 B_{10} 二级指标判断矩阵及各指标权重计算表

指　标	C_{20}	C_{21}	权　重	最大特征值	CI	CR
业务差错率 C_{20}	1	2	66.67%	2.000 0	0	0
工程合格率 C_{21}	1/2	1	33.33%			

根据表 5-37 的判断矩阵表,可以得出 $CR < 0.1$,一致性检验通过,因此现金流保障 B_{11} 的二级指标权重分别为(56.79%,33.39%,9.82%)。

表 5-37　现金流保障 B_{11} 二级指标判断矩阵及各指标权重计算表

指　标	C_{22}	C_{23}	C_{24}	权　重	最大特征值	CI	CR
经营现金流 C_{22}	1	2	5	56.79%	3.024 7	0.012 3	0.023 7
"两金"占收比 C_{23}	1/2	1	4	33.39%			
油气单位现金操作成本 C_{24}	1/5	1/4	1	9.82%			

根据表 5-38 的判断矩阵表,可以得出 $CR < 0.1$,一致性检验通过,因此成本管控 B_{12} 的二级指标权重分别为(68.06%,11.79%,20.15%)。

表 5-38　成本管控 B_{12} 二级指标判断矩阵及各指标权重计算表

指　标	C_{25}	C_{26}	C_{27}	权　重	最大特征值	CI	CR
成本费用占收比 C_{25}	1	5	4	68.06%	3.024 7	0.012 4	0.023 8
油气单位完全成本 C_{26}	1/5	1	1/2	11.79%			
油气开发成本 C_{27}	1/4	2	1	20.15%			

根据表 5-39 的判断矩阵表,可以得出 $CR < 0.1$,一致性检验通过,因此周转能力 B_{13} 的二级指标权重分别为(83.33％,16.67％)。

表 5-39 周转能力 B_{13} 二级指标判断矩阵及各指标权重计算表

指　标	C_{28}	C_{29}	权　重	最大特征值	CI	CR
总资产周转率 C_{28}	1	5	83.33％	2.000 0	0	0
应收款项回收期 C_{29}	1/5	1	16.67％			

根据表 5-40 的判断矩阵表,可以得出 $CR < 0.1$,一致性检验通过,因此债务风险 B_{14} 的二级指标权重分别为(83.33％,16.67％)。

表 5-40 债务风险 B_{14} 二级指标判断矩阵及各指标权重计算表

指　标	C_{30}	C_{31}	权　重	最大特征值	CI	CR
资产负债率 C_{30}	1	5	83.33％	2.000 0	0	0
带息负债比率、规模 C_{31}	1/5	1	16.67％			

根据表 5-41 的判断矩阵表,可以得出 $CR < 0.1$,一致性检验通过,因此生态、安全风险 B_{15} 的二级指标权重分别为(52.47％,33.38％,14.15％)。

表 5-41 生态、安全风险 B_{15} 二级指标判断矩阵及各指标权重计算表

指　标	C_{32}	C_{33}	C_{34}	权　重	最大特征值	CI	CR
安全设备购入支出 C_{32}	1	2	3	52.47％	3.053 8	0.026 9	0.051 7
环保设备购入支出 C_{33}	1/2	1	3	33.38％			
土地修复费用 C_{34}	1/3	1/3	1	14.15％			

根据表 5-42 的判断矩阵表,可以得出 $CR < 0.1$,一致性检验通过,因此大气污染物排放量下降率 B_{16} 的二级指标权重分别为

（8.46％,12.26％,25.77％,39.28％,14.23％）。

表 5-42 大气污染物排放量下降率 B_{16} 二级指标判断矩阵
及各指标权重计算表

指　　标	C_{35}	C_{36}	C_{37}	C_{38}	C_{39}	权　重	最大特征值	CI	CR
吨油气碳排放量 C_{35}	1	1/2	1/3	1/3	1/2	8.46％			
万元产值大气污染物排放量 C_{36}	2	1	1/2	1/3	1/2	12.26％			
吨油气综合消耗 C_{37}	3	2	1	1/2	3	25.77％	5.222 6	0.055 6	0.049 7
万元产值水污染物排放量 C_{38}	3	3	2	1	4	39.28％			
万元营业收入危险废物外委处置量 C_{39}	2	2	1/3	1/4	1	14.23％			

根据表 5-43 的判断矩阵表,可以得出 $CR < 0.1$,一致性检验通过,因此油区开采能力 B_{17} 的二级指标权重分别为（47.19％,27.03％,12.93％,5.52％,7.33％）。

表 5-43 油区开采能力 B_{17} 二级指标判断矩阵及各指标权重计算表

指　　标	C_{40}	C_{41}	C_{42}	C_{43}	C_{44}	权　重	最大特征值	CI	CR
SEC 原油剩余经济可采储量 C_{40}	1	3	5	5	6	47.19％			
原油/天然气储采比 C_{41}	1/3	1	4	5	4	27.03％			
储量替代率 C_{42}	1/5	1/4	1	3	3	12.93％	5.332 6	0.083 2	0.074 2
稀油自然递减率 C_{43}	1/5	1/5	1/3	1	1/2	5.52％			
原油产量 C_{44}	1/6	1/4	1/3	2	1	7.33％			

根据表 5-44 的判断矩阵表,可以得出 $CR < 0.1$,一致性检验通过,因此增长能力 B_{18} 的二级指标权重分别为(9.44%,16.76%,73.80%)。

表 5-44　增长能力 B_{18} 二级指标判断矩阵及各指标权重计算表

指　标	C_{45}	C_{46}	C_{47}	权重值	最大特征值	CI	CR
百万吨产能建设投资 C_{45}	1	1/2	1/7	9.44%			
原油盈亏平衡点 C_{46}	2	1	1/5	16.76%	3.014 2	0.007 1	0.013 7
营业收入增长率 C_{47}	7	5	1	73.80%			

根据表 5-45 的判断矩阵表,可以得出 $CR < 0.1$,一致性检验通过,因此发展培养 B_{20} 的二级指标权重分别为(27.66%,59.49%,12.85%)。

表 5-45　发展培养 B_{20} 二级指标判断矩阵及各指标权重计算表

指　标	C_{49}	C_{50}	C_{51}	权重值	最大特征值	CI	CR
人才流动机制 C_{49}	1	1/2	2	27.66%			
职工晋升机制 C_{50}	2	1	5	59.49%	3.005 5	0.002 8	0.005 3
职工培训进修机制 C_{51}	1/2	1/5	1	12.85%			

根据表 5-46 的判断矩阵表,可以得出 $CR < 0.1$,一致性检验通过,因此激励机制 B_{21} 的二级指标权重分别为(87.50%,12.50%)。

表 5-46　激励机制 B_{21} 二级指标判断矩阵及各指标权重计算表

指　标	C_{52}	C_{53}	权重值	最大特征值	CI	CR
薪酬制度 C_{52}	1	7	87.50%			
员工持股比例 C_{53}	1/7	1	12.50%	2.000 0	0	0

④ 汇总指标权重（表 5-47）。

表 5-47　汇总指标权重表

一级指标	一级指标权重	二级指标	二级指标权重	三级指标	三级指标权重	综合权重
公司使命 A_1	29.22%	贡献国家 B_1	75.00%	油公司总资产 C_1	75.00%	16.44%
				行业市场地位 C_2	25.00%	5.48%
		地方创效 B_2	25.00%	重大工程项目投资 C_3	33.33%	2.43%
				税费贡献率 C_4	66.67%	4.87%
股东回报 A_2	16.03%	利润 B_3	53.90%	利润总额 C_5	11.99%	1.04%
				净利润 C_6	60.80%	5.25%
				营业利润率 C_7	27.21%	2.35%
		经济增加值 B_4	29.73%	吨油气利润 C_8	25.00%	1.19%
				经济增加值（EVA）C_9	75.00%	3.57%
		股东资本回报 B_5	16.37%	净资产收益率 C_{10}	33.33%	0.88%
				已占用资本回报率（ROCE）C_{11}	66.67%	1.75%
科技创新 A_3	4.23%	创新投入 B_6	46.58%	研发经费投入 C_{12}	75.00%	1.48%
				研发投入增长率 C_{13}	25.00%	0.49%
		创新成果 B_7	27.71%	资本支出占比 C_{14}	33.33%	0.39%
				科研成果获奖、授予专利数量 C_{15}	66.67%	0.78%

一级指标	一级指标权重	二级指标	二级指标权重	三级指标	三级指标权重	综合权重
科技创新 A_3	4.23%	创新载体 B_8	16.11%	内部研发中心、合作研发基地等平台数量 C_{16}	25.00%	0.17%
				创新工作平台投入 C_{17}	75.00%	0.51%
		创新保障 B_9	9.60%	科技成果转化机制建设 C_{18}	66.67%	0.27%
				科技成果转化数量 C_{19}	33.33%	0.14%
运营管理 A_4	4.21%	内部流程 B_{10}	14.47%	业务差错率 C_{20}	66.67%	0.41%
				工程合格率 C_{21}	33.33%	0.20%
		现金流保障 B_{11}	49.11%	经营现金流 C_{22}	56.79%	1.17%
				"两金"占收比 C_{23}	33.39%	0.69%
				油气单位现金操作成本 C_{24}	9.82%	0.20%
		成本管控 B_{12}	27.20%	成本费用占收比 C_{25}	68.06%	0.78%
				油气单位完全成本 C_{26}	11.79%	0.14%
				油气开发成本 C_{27}	20.15%	0.23%
		周转能力 B_{13}	9.22%	总资产周转率 C_{28}	83.33%	0.32%
				应收款项回收期 C_{29}	16.67%	0.06%
风险防控 A_5	8.68%	债务风险 B_{14}	80.00%	资产负债率 C_{30}	83.33%	5.79%
				带息负债比率、规模 C_{31}	16.67%	1.16%

一级指标	一级指标权重	二级指标	二级指标权重	三级指标	三级指标权重	综合权重
风险防控 A_5	8.68%	生态、安全风险 B_{15}	20.00%	安全设备购入支出 C_{32}	52.47%	0.91%
				环保设备购入支出 C_{33}	33.38%	0.58%
				土地修复费用 C_{34}	14.15%	0.25%
绿色发展 A_6	2.50%	大气污染物排放量下降率 B_{16}	100%	吨油气碳排放量 C_{35}	8.46%	0.21%
				万元产值大气污染物排放量 C_{36}	12.26%	0.31%
				吨油气综合消耗 C_{37}	25.77%	0.64%
				万元产值水污染物排放量 C_{38}	39.28%	0.98%
				万元营业收入危险废物外委处置量 C_{39}	14.23%	0.36%
持续经营 A_7	22.87%	油区开采能力 B_{17}	25.19%	SEC 原油剩余经济可采储量 C_{40}	47.19%	2.72%
				原油/天然气储采比 C_{41}	27.03%	1.56%
				储量替代率 C_{42}	12.93%	0.74%
				稀油自然递减率 C_{43}	5.52%	0.32%
				原油产量 C_{44}	7.33%	0.42%

一级指标	一级指标权重	二级指标	二级指标权重	三级指标	三级指标权重	综合权重
持续经营 A_7	22.87%	增长能力 B_{18}	58.89%	百万吨产能建设投资 C_{45}	9.44%	1.27%
				原油盈亏平衡点 C_{46}	16.76%	2.26%
				营业收入增长率 C_{47}	73.80%	9.94%
		员工创效能力 B_{19}	15.92%	全员劳动生产率 C_{48}	100.00%	3.64%
职工发展 A_8	12.26%	发展培养 B_{20}	66.67%	人才流动机制 C_{49}	27.66%	2.26%
				职工晋升机制 C_{50}	59.49%	4.86%
				职工培训进修机制 C_{51}	12.85%	1.05%
		激励机制 B_{21}	33.33%	薪酬制度 C_{52}	87.50%	3.58%
				员工持股比例 C_{53}	12.50%	0.51%

5.4.3 基于业财融合的油公司绩效评价模糊综合评价方法

根据前文构建的基于业财融合的油公司绩效评价指标体系,针对评价对象的实际数据,将定性指标和定量指标进行分类整理,同时鉴于定性指标的评价受到许多主观因素的影响,评价时采用模糊综合评价法对定性指标进行定量分析转换,进而得到综合的绩效评价结果。具体步骤如下:

1)构建因素集

针对基于业财融合的油公司绩效评价,本书构建了三级指标体系,设 $E = \{A_1, A_2, \cdots, A_i, \cdots, A_n\}\,(i = 1, 2, \cdots, n)$,$A_i$ 表示第 i 个一级指标的评价结果;再设 $A_i = \{B_1, B_2, \cdots, B_j, \cdots, B_n\}\,(j = 1, 2, \cdots, n)$,$B_j$ 表示第 j 个二级指标的评价结果;最后设 $B_j = \{C_1, C_2, \cdots, C_k, \cdots, C_n\}\,(k = 1, 2, \cdots, n)$,$C_k$ 表示第 k 个三级指标的评价结果。

例如,根据前文构建的绩效评价指标体系,$E = \{A_1, A_2, A_3, A_4, A_5, A_6, A_7, A_8\}$ = {公司使命,股东回报,科技创新,运营管理,风险防控,绿色发展,持续经营,职工发展} = {29.22%,16.03%,4.23%,4.21%,8.68%,2.50%,22.87%,12.26%},$A_1 = \{B_1, B_2\}$ = {贡献国家,地方创效} = {75.00%,25.00%},$B_1 = \{C_1, C_2\}$ = {油公司总资产,行业市场地位} = {75.00%,25.00%}。

2)构建模糊评语集

为统计评价对象对基于业财融合的油公司绩效可能达到的评价结果,需构建基于业财融合的油公司绩效评价集。可结合实际情况将模糊评价集分为若干个等级,设为 $V = \{v_1, v_2, \cdots, v_m\}$,$v_m$ 表示不同的评价,如四个等级的评语集可以设为"优、良、中、差"。

3)确定评价指标的隶属度

在确定评价指标的隶属度时,将定性指标和定量指标进行区分,分别确定其隶属度。

(1)定量指标。对于定量指标的隶属度,本书选取比较常用的半梯形分布函数进行计算确定。半梯形分布函数是通过线性方法,利用分界点将一段连续区间划分为连续段,再将实际指标值通过线性内插法代入计算,进而计算得出隶属度。

设 x_i 为实际的评价因素数值,其相邻的评价标准为 v_j 和 v_{j+1},$v_{j+1} > v_j$,则评价因素 x_i 对评价等级标准 v_j 的隶属度函数为:

$$f(1)=\begin{cases}1, & x_i<v_1\\ \dfrac{v_2-x_i}{v_2-v_1}, & v_1\leqslant x_i<v_2\\ 0, & x_i\geqslant v_2\end{cases}$$

$$f(2)=\begin{cases}1-f(1), & v_1<x_i<v_2\\ \dfrac{v_3-x_i}{v_3-v_2}, & v_2\leqslant x_i<v_3\\ 0, & x_i\leqslant v_1或x_i\geqslant v_3\end{cases}$$

$$f(j)=\begin{cases}1-f_{j-1}, & v_{j-1}<x_i<v_j\\ \dfrac{v_{j+1}-x_i}{v_{j+1}-v_j}, & v_j\leqslant x_i<v_{j+1}\\ 0, & x_i\leqslant v_{j-1}或x_i\geqslant v_{j+1}\end{cases}$$

（2）定性指标。由于定性指标受主观因素影响较大,因此很难同定量指标一样确定其隶属度。针对定性指标,采用问卷的方式,先邀请专家对定性指标进行分级评价,然后使用百分比法对评价结果进行分析,最终确定定性指标隶属度。下面以单层次模糊综合评价为例,介绍百分比法计算过程。

假设一共存在 n 个评价因素和 m 个评价等级,则模糊综合评价结果为 $R_{ij}(i=1,2,3,\cdots,n;j=1,2,3,\cdots,m)$。设有 Y 位专家参与此次评价,其中专家 c 对因素 i 的评价结果为 $u_{i1}^c,u_{i2}^c,u_{i3}^c,\cdots,u_{im}^c$ ($c=1,2,3,\cdots,Y$),并且 $u_{i1}^c,u_{i2}^c,u_{i3}^c,\cdots,u_{im}^c$ 中仅有一个数值为1,其余为0,则定性指标隶属度计算公式为:

$$R_{ij}=\sum_{c=1}^{Y}u_{ij}^c \quad (i=1,\ 2,\ 3,\cdots,n;\ j=1,\ 2,\ 3,\cdots,m)$$

4）模糊综合评价

各指标层和目标层的隶属度都需要由其下层指标的隶属度矩

阵和权重矩阵合成,合成公式如下:

$$S = W \cdot R$$

式中,S 为当层隶属度矩阵,W 为其下层权重矩阵,R 为其下层隶属度矩阵。

运用合成公式计算出各指标层和目标层对评价等级的隶属度后,根据最大隶属度原则,选取隶属度最大的评价等级作为评价目标最终的评价结果。

5.4.4 基于业财融合的油公司绩效评价指标体系实施要点

1)评价对象与主体

在业财融合目标背景下开展油公司绩效评价,评价对象为油公司各部门管理者和基层工作人员,评价主体为油公司绩效评价专职人员、被评价部门负责人以及基层队伍负责人。

2)绩效评价周期

油公司开展绩效评价阶段以目标管理作为主导,对每一项评价内容的完成皆有时间限制,以确保油公司总体战略目标可以按时、保质保量完成。因此,对绩效评价进行时间期限的设定既能对一段时间内工作绩效的情况作出有效检查,也能推动考核总目标的完成。由于油公司通常规模较大,加之其所处行业的特殊性质以及经营产品的特点,因此基于业财融合的油公司绩效评价周期设置需要遵循多样化原则,应同时设定月度、季度以及年度考核周期。

3)绩效评价过程控制

基于业财融合的油公司绩效评价,考虑公司规模大、人员数量多的特点,必须高度重视绩效考核的过程控制,考核之前由经验丰富、业务能力过硬的人员成立绩效评价监督小组,定期开展油公司内部监督检查工作,同时多维度地开展绩效评价过程控制,对绩效评价源头、绩效评价过程、绩效评价末端进行贯穿性的持续控制。

4)绩效评价反馈

油公司在完成整个绩效评价工作之后,应及时整理评价并在内部公开,使各部门管理者了解自身所在部门、自身以及基层队伍人员存在的问题与待完善之处。另外,油公司高层管理者需要安排评价主体及时向被评价主体提供反馈,从中推动评价与被评价双方的有效沟通。在此过程中,油公司评价主体要注意充分肯定被评价主体在工作中所取得的成绩,随后针对存在的问题与被评价主体进行深入讨论,使被评价主体充分明确自身发展目标与不足之处,以便商讨下一步的改善方案与调整方向。

5)绩效评价结果运用

油公司完成基于业财融合的绩效评价后,应积极对绩效评价结果进行运用。可以结合马斯洛需求理论开展结果应用,在充分调查不同层级员工需求的基础上,以正面为主的形式进行激励和问题纠正,实现对不同部门管理者和基层队伍人员的有效激励,促使其在油公司实现战略目标的工作中充分发挥自身智慧与才能,并为在下一轮绩效评价中取得优秀成绩作出努力。

第6章

油公司业财深度融合赋能价值管理的保障措施

6.1 破除业财组织界限，推进业财组织深度融合

财务组织和业务组织的分离是业财融合问题的关键成因，油公司为破除组织界限，应在专业知识融合、工作岗位融合、流程规范融合以及组织边界融合四方面实施"大变革"，前引业务科学决策，后联经营共享服务，以实现业财组织与人员层面的深度融合。

6.1.1 专业知识融合

为了打破专业知识壁垒，油公司应开展综合培训，普及组织内部各领域知识，全面强化人员综合素质。

1）进行基础知识普及及培训，提高员工自身综合素质

油公司从整体性、系统性、递进性的角度组织基础知识培训，结合"普降甘霖"和"精准滴灌"，对经营、法律、财务、人力等基础知识进行普及，在满足各单位日常经营工作需求的同时拓宽员工视野，为下一步的人员梯队建设奠定坚实基础。以往，部分业务人员认为

157

财务部门是业务部门的附属品,保持着只有业务部门才能作出价值创造的偏颇传统观念,不愿意花费时间成本进行综合素质提升,忽视自身在工作中存在的效率低下问题。基于此,油公司对全体员工,尤其是业务人员进行大范围的基础知识普及。业务人员在开展业务活动的过程中不但要运用业务知识为油公司创造价值和利润,还要读懂财务报表,掌握财务管理知识,了解财务工作的模式与关键点,尽可能地控制和规避财务风险,弥补业务活动的不足,提高业务活动的效率。业务人员学习财务知识有助于其在业务发生前有意识地站在财务人员的角度进行分析,避免不必要的风险。例如,油公司采购人员在了解不同类型的增值税发票对公司净利润的影响后,可以对供应商作出更加科学合理的选择。综上,油公司对基础知识的普及及培训不仅可以改善员工队伍知识结构,持续提升员工综合素质,还可以为业财融合提供全面发展的高素质人才。

2)开展"大经营"业务能力培训,促进公司员工向复合型人才转型

油公司需注重对普通员工尤其是财务人员的业务培训。仅具有传统"做账"认知的财务人员已经无法满足业财融合工作顺利开展的需要,这要求财务人员站在业务与管理的角度,跳出财务看财务,从"大财务"的视角来看待自己应具有的专业能力与素养。基于此,油公司开展"大经营"业务能力培训,采用业务培训、企业考察等形式,适时开展生产业务、预算管理等知识培训,积极推动复合型人才培养,促进油公司财务人员的转型。在培训过程中,突出强化财务人员参与生产经营全过程管理的能力,逐步完善价值管理方式和方法,强化采油管理区等基层的价值管理理念,打造培养复合型人才队伍。此外,油公司要求财务人员到业务现场学习,将业务

知识真正用起来。例如,为了让财务人员对成本异常变动的原因进行深入剖析,油公司派财务人员到生产车间一线去学习各生产环节的工艺流程以及原材料领用,使财务人员的成本变动分析建立在足够的业务相关知识储备的基础之上,进而提出更加贴近实际、更加符合业财融合要求的分析数据。

6.1.2　工作岗位融合

油公司业财深度融合最重要的一方面就是打破岗位壁垒,进行工作岗位的融合。在岗位融合方面,油公司采取"请进来、送出去"策略,进行不定期轮岗与跨部门交流并设置财务 BP(business partner,业务伙伴)岗,构筑业财融合的高素质人才储备"蓄水池"。

1)采取"请进来、送出去"策略

油公司为了打破岗位壁垒,鼓励财务部门"请"高素质业务人员到部门参与交流,为财务提供业务力量;在调整财务部门职能与结构的同时,鼓励财务人员走出后台,"送"财务人员到业务部门提供财务力量,推动财务人员挂职锻炼或直接充实到采油管理区等基层财务或经营岗位,为业务提供财务力量。对此,油公司可尝试以应试与面试相结合,通过公开选拔进行人才储备,推进油公司内部财务人员统筹交流和业财双向交流机制,配强配齐总会计师和财务技术序列,增强队伍建设后备力量。

2)进行不定期轮岗与跨部门交流

随着油公司财务信息化的发展与应用,财务工作变得更加流程化,这带来了整体效率的提高,但也牺牲了很多员工个人的成长机会。员工长期从事单一模块工作,不但容易思维固化、难以实现自身发展的突破,也会对工作产生倦怠感。这容易导致整个组织的懈怠情绪蔓延,引起油公司整体效率下降,阻碍油公司业财融合思想的转变,甚至造成员工的大量流失。基于此,油公司在全公司范围内设置不定期轮岗与跨部门交流制度,以激发员工的学习热情,锻炼员工的多角度思维能力,加强内部沟通协作,促进互相理解和业财融合意识形成,增强人才队伍活力。轮岗交流机制不仅包含财务部门或业务部门等各部门内部的岗位轮换,也包含部门与部门之间的交流,打通业务与财务之间的岗位交互渠道,使得财务人员对于整体业务链条产生更加清晰的认识,也使得业务人员对财务管理有进一步的了解。多岗位的工作经历更能培养员工在工作中的全局意识,使员工在看待工作问题时从全局角度出发,多维度地思考,从而更深刻地理解工作目标、更高效地执行工作任务。此外,有着轮岗经历的员工往往更具有同理心,在处理工作时不只从本部门出发,也能够站在其他角度考虑,使业务、财务部门各自为政的状态得以改变,部门之间有效沟通、通力合作,从而使工作高效、顺畅地完成,最终提升整体工作水平。

3)设置财务 BP 岗

财务 BP 是一种创新的财务组织模式,同时也是业财融合新模式下的一个新兴财务岗位,要求员工长期深入业务一线,将财务管理嵌入业务运营中,财务跨部门与研采产销各业务部门人员保持密切关系。财务 BP 岗员工既有扎实的财务专业知识、数据分析和处理能力,又熟悉公司的业务流程,在公司的业务及生产活动中可以为部门的业务活动提供财务方面的专业支持与服务,帮助其实现预算编制、预算分析、成本分析、经营决策分析等。

为了将财务管理的触觉前置到业务活动中,油公司启用财务

BP模式。在此模式下,财务组织可以深入了解业务模式,追踪业务动态,积极促进业务和财务的信息流动。一方面,财务BP模式可以用组织模式的改变来推进业财部门合作的深度,细化财务管理的颗粒度。在经营活动流程的建立、完善以及业务经营决策等各项管理活动中,财务BP岗员工既能理解业务的商业逻辑又能给到专业的财务评估,让财务业务化、业务理性化,努力促成业务、财务双向融合,为油公司业务提供财务数据支撑,同时深入了解业务的实施进度,促进组织的健康快速成长。另一方面,财务BP模式可以促进财务与业务部门的沟通,解决业财融合过程中财务与业务部门沟通不畅的问题。作为业务与财务的沟通桥梁,财务BP岗员工可以更明确地识别出销售合同中财务方面的问题,更准确地确定收入确认的时点及金额,与财务部门进行及时准确的沟通。同时,他们可以在销售业务发生的前中后期及时跟进,给予专业的业务判断,促进油公司的业财融合。比如,财务BP岗员工可以及时与业务人员一起跟进销售回款,制作销售回款记录表,降低坏账产生的可能性;财务BP岗员工可直接从业务中获取信息,打通信息沟通渠道,消除财务和业务之间的部门壁垒,提高财务和业务沟通协作的效率,利用自身的专业优势,更好地服务业务,为油公司创造更大价值。

6.1.3 流程规范融合

流程规范融合也是业财融合模式的重要模块。油公司调整财务管理架构,实施一体化管理与共享化服务,助力推进流程的规范化和高效化。

1）成立财务计划部门，推进一体化管理

油公司将原财务部门的预算、分析等职能与计划部门的职能整合，成立财务计划部门，突出全面预算、经济评价、投资管理、绩效管理等职能，确保及时做好投资规模和成本指标的调整。以往，油公司将资金在预算阶段人为地划分为投资与成本两部分，前者由计划部门管理，后者由财务部门管理。然而，投资和成本不能涵盖所有投入，部分投入既无法划入投资也无法划入成本，这导致投入与产出无法真实核算，也造成了大量重复性工作。计划部门和财务部门无法协调工作，由此造成的投资与成本相互挤压这一突出矛盾是油公司在提升效率的道路上绕不开的问题。例如，增产措施改造与大型设备改造等带来了原有资产收益的增加或者寿命的延长，符合资本化的条件，却经常因为归属于生产期间发生且无新资产生成而被划分为成本支出。在投资和成本预算总量框架下，油公司要根据实际经营情况，及时调整投资规模和成本指标，以优化资源配置。基于最终效益最大化原则，油公司可设立财务计划部门，统筹公司中长期规划，强化投资决策的科学性和财务效益审查机制，确保每项投资都具备明确的经济回报和可执行性。油公司应持续健全提质、提速、提效、提产、降本（"四提一降"）的管理模式，并严格执行投资计划、成本计划和效益计划"三大计划"，以实现投资与成本的一体化管理，确保资金投向最优，提升整体经营效益。

成立财务计划部门不仅有助于理顺投资和成本间的关系，建立投资和成本的协调使用机制，使整体的资金运营效率达到优化，实现成本降低和投资效益提高的双重目标，还有助于提升持续价值创造的能力。比如，老井自然产量稳定，当新井产量不足时，稳产的压力就都集中到了措施产量上，措施产量的完成依靠的是成本的大量

堆积,就会出现上措施保产量的现象,这时就会出现成本挤占投资的情况。这种为了眼前利益忽视长远发展,对油藏进行竭泽而渔式开采的方式严重妨碍了油公司的持续发展。

2)成立财务共享服务中心,助力共享化服务建设

财务共享服务中心自20世纪80年代以来就被视为业财融合的起点,可以帮助企业规范财务流程进而提高财务效率。据统计,85%以上的世界500强企业已经成立了财务共享服务中心。油公司将原财务部门的核算、结算等职能与原合同、定额、基建、物资职能整合,成立财务共享服务中心,突出面向采油管理区的事前算赢、事中服务、事后评价,从而促进业财融合的流程再造。

在财务共享服务中心与财务部门的关系上,油公司将财务共享服务中心作为独立的财务机构,使其与原财务部门并立,相辅相成,实现组织结构的扁平化。平行结构中,财务共享服务中心有权与公司管理层直接对接,避免一层一层的烦琐程序,从而简化工作流程、减少财务部门人员冗余、提高工作效率。在财务共享服务中心的组织职能方面,财务共享服务中心一方面从战略财务相关职能出发,从公司经营活动整体层面参与财务战略的制定,并对国家政策与法律制度进行解读,据此制定符合公司章程的财务制度;另一方面从业务财务管理的角度出发,对公司各类财务事务进行集中化、流程化管理,确保财务程序的规范化和数据化,同时做好公司日常业务的核算与分析。在财务共享服务中心的组织设计方面,油公司主要采用按照核算职能进行划分的方式。由于油公司主营业务的行业核算标准差异相对较小,服务中心提供的基础交易服务可标准化程度高,所以油公司遵循专业化原则进行专业化分工,将不同岗位工作按照职能进行划分,同类别财务工作划分到同一分支下进行财务

处理。油公司的财务共享服务中心大致分为八个部门,其中物资成本部、资金资产部、税务部、总账报表部、收入核算部负责日常会计财务活动,对接业务部门进行核算;运营管理部负责管理和维护信息系统;综合管理部负责财务政策的制定、传达以及服务中心整体的管理工作;数据分析部负责对日常经营活动的数据进行分析。在财务共享服务中心的运营管理方面,油公司根据自身业务,从效率、成本、质量和风险等角度出发,对服务中心的内部客户满意程度进行调查,以此衡量实施财务共享服务中心模式后公司业务流程的效益增幅。

由于体量大、下属部门众多,油公司遵循"以点到面,先试点后推行"的原则,选择标准化和流程化相对简单的业务优先优化,在有代表性且较为成熟的公司先期试点,逐渐将财务共享服务中心在整个行业中铺开。财务共享服务中心的成立减少了财务组织的层级,消除了会计核算流程中不增值的部分,实现了专业财务人员(即财务共享服务中心的员工)对多个业务单位的服务,降低了核算成本,确保财务人员可以将更多的精力和时间放在价值较高的工作上,为业财融合提供有力支持。此外,财务共享服务中心作为业务环节一手数据中心,可以确保数据的实时性和可靠性,强化了财务对油公司基层生产中心——采油管理区经营决策的支撑作用,解决了采油管理区财务管理薄弱与专业素质较弱的问题,同时切实实现业财融合在采油管理区基层业务经营活动过程中的深度嵌入。

6.1.4 组织边界融合

油公司聚焦油田稳产难等深层次矛盾问题,组建重点勘探项目、开发项目、科技项目等各类专项团队,在谋划部署中充分发挥财务的服务支撑作用,保障了油田生产经营的高效运行。

1）预算管理上，做实业财一体化预算机制

油公司不断优化预算管理流程，在业财融合框架之下更加关注预算管理的交互性，以业务活动为先导，深化财务与业务端的沟通交流，确保财务与业务的全面参与，并采取适当控制手段实时跟踪获取各项业务数据，及时了解业务发展情况，进行综合考核和评价，根据数据信息及时进行调整和修正。在预算编制中，油公司业务端需要通过深入分析市场趋势来预测可能存在的盈利点和风险点，并确保预算方案符合财务政策与规定，从而根据市场变化制订切实可行的预算方案。同时，财务端根据业务部门提供的预算方案，进一步评估公司的财务状况，科学合理地配置预算资金，确保有限的预算能够有效支持各项业务需求。在实施业财融合预算机制的过程中，油公司审计端扮演监督者的角色，通过动态滚动管理公司的预算，不断对预算进行监督与纠偏，减少预算与业务实际情况之间的偏差，以提升对业务部门的管控效果及预算考核激励机制的科学合理性，强化财务与业务在此过程中的双向渗透融合，深化财务人员对于业务的掌握与了解，进而提升业务支持能力，促进业财融合的良性发展。与此同时，油公司为了体现预算的优先级，对每一项稳产长效投入制订独立的预算方案，并在预算执行的过程中进行实时监控与跟踪考核，进一步确保稳产长效投入的预算合理有效。综上所述，油公司业务端编制预算，财务端配置预算，审计端监督预算，同时对稳产长效投入实行单项预算、动态评价、跟踪考核，通过预算管理过程中的反复修改、沟通、反馈，使业务运行得到较好的管控并建立相应的风险预警机制，更好地推动业财融合发展。

2）效益开发上，成立未动用储量开发项目组

储量从发现到有效转化为产能的整个过程需要大量投资，然而

多年来油公司未动用的储量不断积累,形成了一定的储量潜力。如果不能将这些长期积累的未动用储量有效转化为产能,并最终实现产量增长,就无法确保油公司在较长时期内保持稳定的产量。因此,油公司应成立专门的未动用储量开发项目组,推动储量尽快转化为实际产量,确保储量"动起来",从而保障公司的生产持续稳定。未动用储量开发项目组打破现有的生产运营模式,突出项目化管理、市场化运营,按照项目单评、计划单列、产量单计、成本单核、绩效单算原则,自主决策、自主运营,采用市场化运作方式实施产能建设。项目采用项目经理负责制,项目经理对产能建设、生产经营、安全环保、廉洁建设负责,具有生产经营的决策权、用人权和考核分配权,项目组成员可从全油田借聘。项目组摒弃了乙方干活、甲方付钱的传统开发模式,树立甲乙方合作共赢的理念,千方百计使难动用储量动起来。未动用储量开发项目组实行人员独立、核算独立、考核独立,专门设置财务管理岗,负责项目效益把关和经营优化,借助项目化运营有效促进油公司业财的深度融合,助力公司价值的持续提升。

此外,针对未动用储量的开发本身存在着资源品位低、工程造价高、开发风险大等特点,油公司一方面拿出部分未动用储量进行流转,借助市场之手为项目组引入新的技术、方法与理念,彻底打破现阶段无法让未动用、难动用储量动起来的格局;另一方面通过闲置设备重复利用的方法降低未动用储量开发成本开支高的问题,以创造更大的效益。例如,未动用储量开发项目组可以征用采油管理区因长期停井闲置下来的抽油机等设备,这样不但可以降耗还可以创效,对于闲置设备的"老东家"和"新东家"来说都是笔划算的买卖。

3）成本管理上，推行以项目为单位的成本管理

油公司以项目为单位进行全过程的成本管理，涵盖了从项目前期的造价与测算到项目实施期间的过程控制，再到项目结束后的核算评估等各个环节，确保了对成本的全面把控。首先，项目前期的造价与测算环节是成本管理的起点。在这一环节，油公司会根据项目的具体需求和市场环境进行详尽的成本预算和评估，为项目的顺利实施奠定坚实的基础。然后，在项目实施期间，油公司注重过程控制，设立成本控制专职岗位，如成本控制的业务伙伴岗位。该岗位人员可以全程参与项目的实施过程，不仅对项目的资金使用进行严格的监控，还对材料的消耗进行细致的记录和分析，通过实时反馈项目成本的消耗状态，确保成本控制的及时性和准确性。此外，该岗位人员还扮演着沟通协调的角色，与项目团队保持紧密的沟通，及时了解项目的进展情况，并根据实际情况调整成本控制策略。这种灵活的管理方式有助于油公司更好地应对市场变化和项目风险。最后，在项目结束后，油公司会进行核算评估，通过对项目的实际成本进行核算和比较，分析成本控制的得失和原因，为未来的项目提供经验参考和改进方向。这种全过程成本管理的策略有助于油公司提高项目效率，降低成本，实现可持续发展。

6.2　建立财务经营一体化平台系统，有力保障业财深度融合

业财信息系统的搭建是油公司实现业财融合的基础和关键，信息系统采集业务端信息的标准化和智能化程度越高，为油公司业财融合打下的基础越夯实。因此，为逐步消除财务信息孤岛，打通业财集成数据线上通道，油公司应采用"数据 + 平台 + 应用"的信息化建设模式，聚焦管理区油藏经营管理业务，建立油公司财务经营

一体化平台系统,具体如图 6-1 所示。该平台系统包括数据层、平台层、应用层三大层级,融合非财务指标和非结构化数据,包含人财物、供产销等全面信息,建立起生产运行、成本分析、预算管理、绩效考核之间的联动关系网络,实现了生产流程与财务流程的深度绑定,将财务活动延伸到生产现场,在财务信息的基础上融合生产运行过程中各环节的业务信息,为强化价值管理、深化业财融合提供坚实的基础。

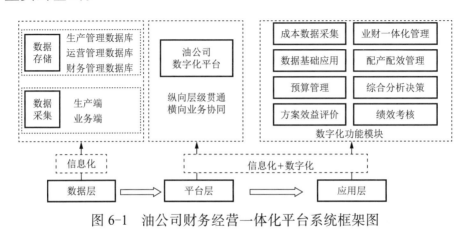

图 6-1　油公司财务经营一体化平台系统框架图

6.2.1　数据层——搭建业财数据仓库,加强系统整合

　　油公司应按照"源头唯一、数据共享、高效集成、规则统一"的原则,由总会计师牵头,整合各业务部门的数据系统,如勘探开发业务协同平台(EPBP)、合同管理等多个相关系统,建立完善的数据规则,实现各项数据的标准化。通过这些措施,油公司能够确保数据的采集、整合、处理和应用形成完整的闭环管理,提升数据流通效率和决策支持能力。油公司从业财数据融合的角度构建数字化信息管理系统,实现业务数据与财务数据的充分融合,使每项业务数据均具备财务数据属性,为开展业务的经营效益分析奠定坚实的基础。

在数据采集方面,油公司信息管理系统中既包含财务数据、结构化数据,也包括非财务数据、非结构化数据。该信息系统应以生产管理系统为基础,以油气生产全业务链条为信息载体,以生产管理环节为切入点,涵盖油井全流程生产环节,包括油气水井、采油站、注气站、注水站以及联合站等;以清单为最小的计量单位,细化至工作日志、会议纪要、周工作重点、生产清单、许可证等资料的上传,最大限度地细化数据颗粒,提供详实的数据基础;以自动化信息系统建设为基础,实时与生产端主动"交流",自动传输数据,减少人为干预,以确保数据来源真实可靠。油公司从业务流程管理的角度打通业务发起、任务委派、合同签订、工程施工、完工确认、造价审核至费用结算的信息化数据链路,建立起管理区经营数据采集标准,依托 EPBP 实现基于岗位的经营数据统一采集,实现成本发生数据的一次录入,数据共享,构建预算、发生、结算一体化的数据采集体系,实现业财一体化运行,提升数据质量,实现系统间的数据共享。

在数据存储方面,油公司信息管理系统对原始数据进行集成加工分类,采取主题数据库的形式分类存储,规范信息化标准体系,建立统一、标准、规范的数据处理体系,构建业务数据和财务数据的关联关系,实现业财数据有机融合,使得每笔业务均具备财务属性,每笔费用均可关联业务活动,形成应用层的数据基础,为应用的开发夯实基础,服务于生产管理、运营管理、财务管理等不同的管理需要。基于此,油公司应进一步构建三个关键的数据库:生产管理数据库、运营管理数据库和财务管理数据库。这些数据库分别对应各个业务领域的核心数据需求,并确保各项生产、运营和财务活动的紧密协同。通过实现数据的标准化、共享与协同,这些数据库将为油公司提供全面的信息支持,优化各管理环节的决策效率与精准度。

生产管理数据库涵盖工作日志、生产数据、周重点工作、重点井生产情况、高产井生产情况、生产存在的问题、修井计划、异常井信息等。利用生产管理数据,该信息系统可分类列示单井、处理站、管输线等生产设备设施,并以文字、数据表、图形等方式即时呈现,提供问题预警、处置过程跟踪落实功能,如根据异常井信息进行异常井的查询及处置、变化对比、统计查询、沉没比异常井查询、轮换井及待修井查询等。该信息系统还可对各类生产管理过程产生的数据进行整合、计算,辅助生产部门开展决策分析、制订生产计划和修井计划等,最终实现对生产过程中各类数据趋势的动态监控和辅助生产决策管理。

运营管理数据库涵盖资产数据(资产的采购时间、使用年限、运行状态、维修信息、当前利用状况以及剩余产能等)、原油销售数据(原油销售数量、储备数量、应收款项及相应信用期限等)、成本数据(作业、人工等)等。

财务管理数据库涵盖利润数据、税收数据、资金数据(现金流状况)等。

6.2.2 平台层——搭建业财融合平台,推动工作协同

油公司按照"一切应用皆上云,一切开发上平台"的要求,遵循业财融合体系建设思路,不断完善经营类系统建设顶层设计,依托信息化数据集成,按照统一的开发标准实现组件化共享应用,并进一步开发新功能,搭建功能完善的数字化平台,实现数据的"纵向层级贯通,横向业务协同",满足油公司本部、下属分公司、采油管理区三级财务人员和业务人员的需求,并根据油藏经营岗位职责,建立个人岗位门户,为管理区油藏经营提供便捷高效的定制化信息应用

服务。业财融合平台的搭建有效打破了油公司传统的信息"碎片化"管理格局,推进了油公司价值管理一体化,同时贯通了业务处理与价值管理通道,实现了各部门、各层级的资源共享、系统集成和管理集成。

6.2.3　应用层——整合业财数据资源,赋能决策升级

基于数据层与平台层,油公司按照"统一标准、共享应用"原则,整合构建了成本数据采集、数据基础应用、预算管理、配产配效管理、方案效益评价、业财一体化管理、综合分析决策、绩效考核八个数字化功能模块,通过调用相关对象资源,使公司从业财信息融合的初级阶段迈入业财价值融合的高级阶段。

成本数据采集模块,即通过集成来自不同业务环节的成本数据,全面采集油田开发、生产、运营等各个环节的实际成本信息。该模块采用标准化的数据采集方式,确保数据准确、及时地传输至中央数据库。通过对各类成本数据的实时监控,油公司能够实现对生产成本的动态管理,精确识别各项成本的变化趋势和波动因素,为预算编制、成本控制以及效益分析提供准确的基础数据。

数据基础应用模块,即对共享及采集的数据进行综合展示及自定义查询,通过研发报表、图形、曲线工具,支撑用户根据需要自定义指标和数据展示方式,进行灵活的数据查询和分析。

预算管理模块,即通过预算制定、执行、结算的一体化管理模式,实现费用的全过程管控和运行情况跟踪,支撑用户随时掌握计划运行情况,辅助决策和方案优化。

配产配效管理模块,即支撑管理区落实油藏经营管理主体责任,精细化经营管理,实现运行方案的事前算赢、过程跟踪和持续优

化。

方案效益评价模块,即针对措施、检泵、注气、稠油热采转周等方案,实现业财数据融合,支撑措施方案的事前算赢、事中控制和事后跟踪评价的全过程管理,实现措施方案效益最大化。

业财一体化管理模块,即通过整合业务数据和财务数据,打破传统上业务与财务分割的壁垒,确保业务决策与财务规划的无缝衔接。该模块支持业务部门与财务部门共享实时数据和信息,基于共同的目标和数据分析,优化资金配置、成本控制及盈利能力分析。

综合分析决策模块,即依托云门户构建综合查询界面,支撑整体运行情况,如产量、成本、利润的整体展示和实时跟踪,为决策提供数据支撑。

绩效考核模块,即结合"1+2+2"考核体系,构建基于业务量和价值量的绩效考核体系,实现覆盖各管理层级、全体员工及各项业务模块的实时量化考核,实现工作量自动统计、工作效率在线监控、工作质量跟踪评价、工作效益自动核算,为激励约束机制的建设提供支撑。

基于上述应用层,油公司打通了与 ERP、生产指挥、市场运行、合同系统、设备管理等业务系统的数据接口,高效集成产量、业务量、技术、质量、财务、投资等分类数据,实现了项目效益实时测算、成本运行跟踪测评、项目完成追踪评价、全面预算管理、投资过程管控、对管理区绩效考核等生产经营关键节点的融合推进,推动了投资成本一体化管理机制的有效落地与全生产环节绩效考核的开展,促进了价值链各环节经营创效能力的提升。

6.3 辅助与配套保障措施

6.3.1 培养企业文化

1）管理者发挥引导作用，推动组织文化变革

作为企业财务管理模式转型的一部分，业财融合应作为油公司管理文化的重要组成部分进行推广。油公司打破部门之间的"边界"，推动业务和财务的深度融合，第一步就是要明确和传播新的文化价值观。油公司应结合自身的经营特点创立一套以业财融合为导向的核心价值观，具体内容包括：一是实事求是，即以真实数据为基础，强调数据支撑管理，提高决策的科学性和效率；二是价值为先，即业财深度融合都是为了实现油公司价值的最大化；三是树立标杆，即做好科学预案，明确企业的发展和管理目标；四是流程闭环，即业财融合方案从头到尾顺利实施后，实现的价值最大化能反过来保障业财融合系统的再次顺利执行；五是团队力量，业财融合的有效推进离不开各个部门的共同支持，在业财融合的过程中倒逼各部门进行沟通交流，实现扁平化管理，增强团队凝聚力。进一步地，油公司通过内部会议、培训、内部资料传播等方式将这一崭新的价值观传达给每一位员工，培育业财融合文化。

当前，业务部门与财务部门表现出来的"领地意识"较强，双方都不愿被"侵入"，这是影响业财融合的主要文化障碍，因此培育业财融合文化，鼓励员工积极参与公司管理模式的改革尤为重要。业财融合的范围包含所有业务与财务部门，要想在大范围内推广业财融合文化，管理者的示范作用是至关重要的，管理者的态度将直接决定业财融合文化培育成功与否。其一，油公司要求管理者积极组织与参与文化变革的相关活动，展现出对业财融合价值观的支持与

认同,以自己的行为为员工作出引领与示范。例如,部分油公司管理者定期在公司内部展开业财融合文化的宣传,提供真实的业财一体化工作案例,向全体工作人员普及业财融合的意义,通过全面且有效的宣讲工作不断提高员工对业财融合的文化认同。其二,油公司管理者积极推动企业内部财务管理理念的转变,引导财务和业务部门相互配合与有效对接,共同推进业财融合进程。例如,在推动文化变革的过程中,管理者创造开放、包容的沟通环境,积极推动财务与业务部门的沟通与合作,共同制定经营策略和风险控制方案,进而实现财务与业务的深度融合。其三,为了确保文化变革成功,油公司管理者通过定期的员工大会、内部调查、意见反馈等方式,了解员工对新文化的接受程度与实施过程中遇到的困难,鼓励员工提出改进建议,并基于这些反馈作出评估与调整,在反复改进的过程中不断调整变革策略。这不仅可以推动油公司业财融合的顺利进行,还能增强员工的参与感和归属感。

2) 业财人员通力配合,推动员工思维转变

财务和业务人员是业财融合模式转型的执行者,也是业财融合赋能价值管理这一理念转变的核心对象。油公司通过不间断的、多种形式的岗位培训推动财务与业务部门工作的固化思维转换,使员工意识到财务与业务间存在协同效应,推动跨界工作的主动延伸和人员的自主沟通。

一方面,油公司为了实现业财融合的转型,在财务部门从上到下宣传符合业财融合要求的财务管理理念,让员工意识到财务管理不能局限于本部门,业务部门的工作也不能独立于财务分析。随着企业数字经济的推进,数字化转型已经成为近几年的热门话题,简单的财务核算工作正在被人工智能所取代,一味地故步自封会使财

务人员适应不了内外环境的变化。油公司财务人员应转变观念,积极培养管理意识,拓宽视野,树立重视管理的"大财务"理念。其一,油公司鼓励财务人员培养管理思维。财务人员要摆脱传统财务教育重核算、轻管理的固化思维,在掌握财务核算基本能力的同时,不断熟悉业务流程,提升管理能力。其二,油公司鼓励财务人员培养大数据意识。随着数字经济的飞速发展,人们可以通过对大规模数据的挖掘与分析找出经济规律,进而赋能企业财务管理创造更多价值,大数据已经成为企业财务治理的重要工具。油公司通过鼓励员工进行科学研究、举行数据分析大赛等方式培养他们的数据分析能力,使得他们具备传输、整合及应用数据的能力,进而满足业财融合对财务人员的要求。其三,油公司鼓励财务人员树立财务应该提供精细、全面的商业数据服务的理念。传统的财务报告主要向信息使用者提供财务数据,而很少呈现非财务数据,这导致财务报告很难全面、完整地展示企业财务状况、业绩表现与发展前景,使用范围局限。基于此,油公司要求财务人员除了提供准确、多口径、多样化的报告,还提供更多的非财务数据,从而使财务报告不但服务于外部利益相关者,也服务于企业内部管理。这些都要求财务人员主动学习,了解业务工作相关细节和具体内容。综上,财务人员不仅要明确自身的定位,还要能够积极使用财务共享服务中心及其他数据分析系统,将财务分析的结果合理有效地运用到经营业务中,配合并指导业务工作,以此为财务报告使用者提供更加全面的财务信息。

另一方面,业务人员要摆脱只有业务部门才能作出价值创造的固化思维,去除财务部门是业务部门的附属品的错误观念。油公司通过不断培养业务人员的财务理念,不仅使业务人员更理解财务工作及相关分析成果,也使他们更容易接受财务人员的指导与监督。与此同时,油公司呼吁业务人员主动为财务部门提供即时数据和一手资料,使财务人员的数据分析基于完整、及时的业务信息,为业务活动的有序开展提供更具针对性的指导。

通过业财部门的通力配合,业务人员与财务人员得以突破原有的固化思维模式,使得业财分析可以及时有效地展开,分析结果也能快速传达至管理层,进而促进油公司的业财深度融合。

6.3.2 强化制度保障

1）建立标准化管理制度

企业管理制度是企业员工在企业生产经营活动中共同遵守的规定和准则的总称,对于企业内部工作的展开与稳健运行具有不可或缺的保障作用。好的管理制度可以规范企业管理和员工行为,有利于各项工作的开展和工作效率的提高。油公司秉承"制度先行"的原则,优先完善油公司管理制度,通过完备的制度规范财务和业务工作的流程,为业财融合管理的有效落实提供制度保障。一方面,油公司原有的业务流程管理制度已不足以支撑业财融合的管理模式,在新的管理模式下,油公司对业务流程进行系统的梳理和分类,制订流程清单,明确流程执行标准,要求业务人员严格按照流程标准处理业务,通过完备的流程管理制度把业财融合管理模式固定下来,从而保障业财融合真正落实到位并发挥作用。另一方面,油公司不断完善财务人员的权限管理制度,确保财务人员对业务系统的合理权限,为财务人员参与经营管理提供制度保障。首先,油公司新增财务人员对业务系统的查阅权限,使得财务人员可以从财务的视角审核业务活动存在的风险,并据此提出风险规避意见;其次,油公司新增财务人员对业务流程的审核权限,以便有效监控采购价格,避免流程不规范问题;最后,油公司遵循互相制约的原则,依据财务事项特点,为经济业务设置三层权限,并严格要求经济业务不可跨层级查看或审阅。

2)完善内部控制制度

为防止业财融合新模式导致内部财务舞弊和违规行为,油公司完善内部控制制度,以确保油公司的财务管理和业务运营符合法律法规和油公司内部的规章制度,并在此基础上进行风险评估与流程优化,保障油公司业财融合模式顺利发展。

其一,油公司管理层建立完善的内部审计制度,指定专门的审计机构定期进行内审,不仅对财务进行内审,更对业务部门的合规性进行审计。这是因为作为财务部门的上游部门,业务部门的不规范可能会引发财务数据风险,错误的财务数据会让油公司作出错误的方向性规划。因此,建立起独立于公司其他部门的内部审计机构,使审计人员可以监控公司业务的各个关键环节,是油公司加强内部控制的有力手段。

其二,油公司在保证内控制度有效性的基础上,在烦琐的内部控制活动中融入业财融合思想,对复杂的财务与业务内控制度进行相应融合,简化内部控制流程,提高内部控制制度的效率与有效性。

其三,油公司将业财融合融入风险评估,通过业财部门的通力合作,对公司经营发展全过程开展事前控制,进而降低风险。首先,财务部门应在业务开展之前针对业务发生过程中可能遇到的风险点进行分析与评估,制作风险评估报告,列出风险可能会导致的后果;然后,业务部门作为报告的使用者,要依据财务部门制作的风险评估报告,结合自身业务的特点、经济与政策背景、行业发展现状等来评估是否可以对报告中的风险点进行规避,以此来确定业务开展的可行性与规模范围,并及时作出反馈与纠正;最后,财务部门根据业务部门的反馈与纠正再次进行风险评估,为业务的开展提供全面的事前数据分析。业财融合为油公司提供了良好的一体化平台,支持油公司通过汇总的经营数据和财务数据对内部的风险进行测算与分析,从而做好流程风险的事前识别和事中控制。

3)实施综合绩效考核制度

由于油公司各部门的工作目标、职责都有所不同,所以以往对业务部门和财务部门的考核依据也有所不同,业务部门注重与销售和生产相关的作业成果,财务部门则侧重会计和核算。这种考核制度导致业务和财务只注重原有的日常工作,缺乏融合的积极性。基于此,油公司在绩效考核制度中融入业财融合理念,以调动员工的主动性与创造性。

油公司根据工作量和工作难度建立相应的绩效考核制度,实施部门考核与业财融合综合考核相结合的考核机制。其中,综合考核方面设置不同考核指标,体现各部门在业财融合财务管理方面的参与度、深度与广度,如建立预算完成率、往来账款回收率、业财对账准确率等业财联动指标,也可以按月统计业财部门相互收集问题数与解决问题率,以此作为考核指标。此外,油公司应建立业财融合人才库,并制定相关的入选标准,对进入人才库的员工在评先选优时优先考虑。油公司还应构建完善的员工福利体系和合理的薪酬机制,通过薪资调整、团队建设活动和带薪休假等方式,激励员工提升绩效。

油公司在不断完善标准化管理制度、内部控制制度以及绩效考核制度的同时,应深刻认识到内外部环境是在不断变化的,需要保证制度的动态性和相对稳定性,与时俱进,在发展过程中持续完善制度。比如,定期考核各项制度的执行情况并对提出制度漏洞问题的员工给予一定奖励,以此不断完善自身制度,为业财融合提供有效保障。

6.3.3 建立沟通机制

有效的沟通是油公司实现业财融合的纽带,业财融合模式的实施效果很大程度上也依赖于沟通是否有效。在确定业财融合新模式以后,油公司着力打造业财人员的沟通渠道,提高业财人员的积极性和创造性,同时开拓其视野,提高其多维度思考的能力。

1)提高沟通能力

为了架起业务和财务部门之间沟通的桥梁,油公司要求业务与财务人员统一沟通语言。一方面,业务部门向财务部门普及业务相关语言,使财务人员更好地了解业务,避免因为不懂专业语言而产生误解,影响后续沟通的顺利进行;另一方面,财务部门将专业知识融入业务活动中,将业务语言转化为财务数据,使用统计图表、数据分析等工具向业务部门进行反馈,使用有说服力的语言获取业务部门的合作及信任。

2)提升沟通效率

仅凭借线下沟通渠道进行交流会增加沟通的时间成本,基于此,油公司建立业财问题答疑平台,通过线上问题的提出和解答促进业财人员的有效沟通。油公司对每项业务流程确立专门的财务与业务负责人,确保财务人员可以将每一个问题都落实到具体的业务人员身上,同时业务人员在需要财务指导时可以找到专门的财务人员。为保证效率,问题被设置为紧急、优先、普通三级:紧急问题实行日清机制,要求在提出的当日解决;优先问题实行周清机制,要求在当周工作日之内解决;普通问题实行月清机制,纳入每月排查处理流程,于月末前完成处理。为确保业财人员沟通的积极性,可以根据提出问题和解答问题的数量建立员工绩效指标,通过奖励机制鼓励业财人员积极通过问题答疑平台进行沟通。

3)拓宽沟通渠道

油公司业务与财务部门定期召开双向沟通工作例会,了解彼此工作内容与动向。在例会上,各部门需要依次汇报上一阶段的工作任务,并根据工作落实情况进行部门剖析,针对部门间合作中的问题提出改善方案。此外,各部门还需依次展示下一阶段的工作目标,确保各部门的工作目标大方向一致。出现工作目标严重矛盾的情况时,首先由各部门协调解决;双方无法协调的,应向上级部门汇报,寻求解决办法。最终应确保各部门工作目标的一致性,即使有矛盾,也应在各部门的承受范围之内。

参考文献

AMEELS A, BRUGGEMAN W, SCHEIPERS G, 2002. Value-based management control processes to create value through integration: A literature review[J]. Vlerick Leuven Gent Management School: Working Paper Series.

BALLOU B, CASEY R J, GRENIER J H, et al., 2012. Exploring the strategic integration of sustainability initiatives: Opportunities for accounting research[J]. Accounting Horizons, 26(2): 265-288.

BAO B H, BAO D H, 1998. Usefulness of value added and abnormal economic economic earnings: an empirical examination[J]. Journal of Business Finance & Accounting, 25(1-2): 251-264.

BONFIGLIOLI A, 2008. Financial integration, productivity and capital accumulation[J]. Journal of International Economics, 76(2): 337-355.

BORTHICK A F, SCHNEIDER G P, VANCE A, 2012. Using graphical representations of business processes in evaluating internal control[J]. Issues in Accounting Education, 27(1): 123-140.

BOULTON R, LIBERT B, SAMEK S, 2000. Cracking the value code: How successful businesses are creating wealth in the economy[M]. New York: John Wiley & Sons.

BRAMANTE M H, JAMES L, 2013. Shared services: Adding value to the business units[M]. New York: John Wiley & Sons.

BREALEY R A, MYERS S C, ALLEN F, 2000. Principles of corporate finance[M]. New York: McGraw-hill.

BROCKE J V, ROSEMANN M, 2010. Handbook on business process management 2: Strategic alignment, governance, people and culture[M]. Berlin:

Springer.

CAKICI S M, 2011. Financial integration and business cycles in a small open economy[J]. Journal of International Money and finance, 30(7): 1280-1302.

CHEN S, DODD J L, 1997. Economic value added(EVA^{TM}): An empirical examination of a new corporate performance measure[J]. Journal of Managerial Issues (9): 318-333.

COPELAND T, KOLLER T, MURRIN J, 1994. Valuation: Measuring and managing the value of companies [M]. New York: John Wiley & Sons.

DAVES P R, EHRHARDT M C, 2007. Convertible securities, employee stock options and the cost of equity[J]. Financial Review, 42(2): 267-288.

ERTEK G, TOKDEMIR G, SEVINÇ M, et al., 2017. New knowledge in strategic management through visually mining semantic networks[J]. Information Systems Frontiers, 19: 165-185.

FARSLO F, DEGEL J, DENGER J, 2000. Economic value added and stock return[J]. The Financier, 7: 115-118.

FISHER I, 1906. The nature of capital and income[M]. New York: Macmillan.

GILL R, 2011. Why cloud computing matters to finance[J]. Strategic Finance, 92(7): 43.

HINGORANI A, LEHN K, MAKHIJA A K, 1997. Investor behavior in mass privatization: The case of the Czech voucher scheme[J]. Journal of Financial Economics, 44(3): 349-396.

HUIKKU J, HYVÖNEN T, JÄRVINEN J, 2017. The role of a predictive analytics project initiator in the integration of financial and operational forecasts[J]. Baltic Journal of Management, 12(4): 427-446.

IONESCU L, 2016. The role of accounting and internal control in reducing bureaucracy in the public sector[J]. Journal of Economic Development, Environment and People, 5(4): 46-51.

KAPLAN R S, NORTON D P, 2005. The balanced scorecard: Measures that drive performance[J]. Harvard business review, 83(7): 172.

KIM J J, AHN J H, YUN J K, 2004. Economic value added（EVA）as a proxy for market value added（MVA）and accounting earnings: Empirical evidence from the business cycle[J]. Journal of Accounting & Finance Research, 12（1）: 40–48.

KOLLER T, GOEDHART M, WESSELS D, 2010. Valuation: Measuring and managing the value of companies[M]. Fifth ed. New York: John Wiley & Sons.

LUGT C T V D, 2015. Taking Life Cycle Management mainstream: Integration in corporate finance and accounting[J]. Life Cycle Management: 227–238.

MARSH D G, 1999. Making or breaking value[J]. New Zealand Management（3）: 58–59.

MCTAGGART J M, KONTES P W, MANKINS M C, 1994. The value imperative: Managing for superior shareholder returns[M]. New York: Free Press.

MODIGLIANI F, MILLER M H, 1958. The cost of capital, corporation finance and the theory of investment[J]. The American Economic Review, 48（3）: 261–297.

MYATT J, PHILIP I, RANDALL J, et al., 2013. Target transformation over hospital closures: The 1962 hospital plan provides inspiration for solving the financial and sustainability dilemmas facing acute care[J]. The Health Service Journal, 123（6372）: 14–15.

OTTOSSON E, WEISSENRIEDER F, 1996. Cash value added: A new method for measuring financial performance[J]. SSRN Electronic Journal. DOI: 10.2139/ssrn.58436.

QUAINTANCE H W, 1922. Managerial accounting: An introduction to financial management[M]. Chicago: Harcourt College Pub.

RAPPAPORT A, 1986. The affordable dividend approach to equity valuation[J]. Financial Analysts Journal, 42（4）: 52–58.

SAGEDER M, FELDBAUER-DURSTMÜLLER B, 2019. Management control in multinational companies: A systematic literature review[J]. Review of Managerial Science, 13（5）: 875–918.

SERAP D, 2019. State-of-art management accounting for SMEs[J]. Sam Electronic Journal, 8: 56-61.

SIEGEL G, SORENSEN J E, RICHTERMEYER S B, 2003. Becoming a business partner[J]. Strategic Finance, 85(4): 37.

TAUFIL H, ISNURHADI H, WIDIYANTI M, 2008. The influence of traditional accounting and Economic Value Added approaches on stock returns of banks listed on Jakarta Stock Exchange (JSX)[C]. Sarawak: 10th MFA Annual Conference on Strengthening Malaysia's Position as a Vibrant, Innovative and Competitive Financial Hub: 5-6.

TAYLER W B, 2010. The balanced scorecard as a strategy-evaluation tool: The effects of implementation involvement and a causal-chain focus[J]. The Accounting Review, 85(3): 1095-1117.

VALIRIS G, GLYKAS M, 1999. Critical review of existing BPR methodologies: The need for a holistic approach[J]. Business Process Management Journal, 5(1): 65-86.

VENKATARAMAN R, 2021. 业财融合所需要的关键能力[J]. 新理财(8):72-73.

VENKATARAMAN V, BROWNING T, PEDROSA I, et al., 2019. Implementing shared, standardized imaging protocols to improve cross-enterprise workflow and quality[J]. Journal of Digital Imaging, 32: 880-887.

WEISSENRIEDER F, 1997. Value based management: Economic value added or cash value added? [J]. Corporate Finance and Organizations Ejournal. DOI:10.2139/ssrn.156288.

蔡鸣,2022. A企业战略成本管理研究[J].交通财会(8):35-41.

蔡淑娴,2020.业财融合下的财务转型思考[J].中国市场(25):155-156.

曹怀樱,2022.业财融合条件下的企业价值创造探究[J].财会学习(15):38-40.

陈立云,2022.企业业财融合模式的现状与问题探析[J].中国集体经济(22):45-47.

陈良华,2002.价值管理:一种泛会计概念的提出[J].会计研究(10):53-

56.

陈旭,郑佳雪,2021. 智能财务视角下集团型企业财务转型策略研究[J].
商业会计(3):23-28.

程丽媛,张永红,2022. 基于业财融合的企业财务流程优化研究[J].财会
学习(21):35-37.

崔婉蓉,2024. 价值链视角下企业战略成本管理优化研究[J].商业观察,
10(33):90-93.

丁君凤,翟俊生,2004. 企业价值管理:企业管理模式的一种新探索[J].
经济师(4):17-18.

丁永淦,沈晓峰,许世群,2015. 企业价值驱动因素与价值创造模式[J].
财会通讯(32):52-53.

董淑兰,陈美茹,2014. 企业社会责任对财务可持续增长的影响研究:基
于创业板企业数据[J].会计之友(20):7-12.

董雪慧,2019. 战略成本管理研究[J].农村经济与科技,30(8):133,166.

杜明峰,2022. 企业战略成本管理论略[J].全国流通经济(14):60-63.

杜胜利,2004. 构建CFO管理模型及其价值管理系统框架[J].会计研
究(6):36-41.

冯成,2021. 论基于企业价值创造的业财融合[J].财经界(18):114-116.

葛玉洁,杨雄胜,2021. 创值单元与企业价值管理:基于电力企业的案例
研究[J].财经问题研究(3):84-92.

郭永清,2017. 中国企业业财融合问题研究[J].会计之友(15):47-55.

韩士专,金梦,付垚,2023. 基于财务协同的企业EVA价值管理研究:以伊
利集团并购威士兰为例[J].会计之友(18):114-121.

郝丽曼,2024. 战略成本管理在企业中的应用探析[J].上海企业(8):75-
77.

何绍恩,2011. 基于油藏经营的油气田企业战略成本管理研究[D].北京:
北京交通大学.

侯新,徐小雪,2025. 数字化转型背景下企业战略成本管理[J].合作经济
与科技(2):103-105.

胡婷婷,2022. 国有企业业财融合的实现路径分析:基于价值融合论角

度［J］.财会学习（18）：23-25.

　　胡颖纹，胡萌萌，2017.基于价值驱动因素的企业财务管理模式［J］.经营与管理（4）：59-61.

　　黄素梅，2025.新形势下企业实施业财融合路径研究［J］.现代营销（上旬刊）（2）：148-150.

　　姜涛，2024.油公司价值管理导向下的三维一体化业财深度融合策略研究［J］.价值工程，43（27）：58-60.

　　蒋盛煌，2022.基于财务共享的业财深度融合探究［J］.会计之友（1）：2-9.

　　冷继波，杨舒惠，2019."互联网＋"背景下业财融合管理会计框架研究［J］.会计之友（12）：19-23.

　　李桂荣，李笑琪，2020.H公司财务共享平台下的业财融合成效、问题与对策［J］.财务与会计（1）：25-28.

　　李红霞，2022.基于业财融合下的财务管理工作研究［J］.财会学习（16）：11-14.

　　李静，2022.加强企业战略成本管理探讨［J］.现代商业（25）：84-86.

　　李丽艳，2023.探析战略成本管理的企业财务管理［J］.商业观察，9（31）：73-76.

　　李美娜，郭蕾，2024."油公司"模式下构建融合型党建工作体系路径［J］.现代企业（10）：89-91.

　　李明，2023.基于价值实现的企业管理模式机理研究［J］.环渤海经济瞭望（5）：108-110.

　　李鹏，李青阳，杨晓玥，2020.油气企业核心资产经营绩效评估与价值管理模式［J］.中国石油企业（8）：73-76.

　　李强，2018.基于油藏经营管理的采油厂战略成本管理研究［J］.现代商业（30）：99-100.

　　李荣耀，2024.企业可持续发展路径研究及实践探索［J］.销售与管理（35）：24-26.

　　李闻一，王嘉良，胡小峰，等，2016.基于XBRL的业财融合分析［J］.财务与会计（3）：44-45.

　　李小锋，2024.以企业文化和绩效管理推动战略管理［J］.人力资源（17）：

68-69.

李媛,2018.企业财务管理中的业财融合问题探析[J].中国商论(7):45-46.

刘畅,2025.大数据背景下企业人力资源管理优化研究[J].商场现代化(4):111-113.

刘光强,干胜道,段华友,2022.基于区块链技术的管理会计业财融合研究[J].财会通讯(1):160-165.

刘华,徐晨阳,2019.财务共享平台下国美集团业财融合的创新与实践[J].财务与会计(7):29-31.

刘乐义,2022.业财融合对企业财务管理的影响分析[J].财经界(25):132-134.

刘圻,王春芳,2011.企业价值管理模式研究述评[J].中南财经政法大学学报(5):62-67.

刘尚希,赵劲松,2023.会计数字化推动企业创新内在机理研究[J].贵州社会科学(6):107-116.

卢勇,2023.业财融合对财务管理的影响及策略分析[J].中国中小企业(3):151-153.

鲁美惠子,2019.石化行业业财融合的价值创造机理研究[D].北京:对外经济贸易大学.

陆兴凤,2018.基于业财融合的新型财务信息化系统构建思考:以新零售为例[J].财会月刊(9):98-102.

罗良才,张焕芝,张珈铭,等,2024.国内外油气勘探开发形势及发展趋势[J].石油科技论坛,43(4):18-24.

马洁,2024.关于新形势下企业员工教育培训管理的探讨[J].石油化工管理干部学院学报,26(3):55-60.

南星恒,2014.企业智力资本价值创造行为研究:兼论智力资本与企业价值的相关性[J].南京审计学院学报,11(2):79-86.

庞婧,2020.基于财务管理角度探讨企业价值创造的驱动因素:评中国经济出版社《创新型企业价值评估研究》[J].价格理论与实践(1):181.

彭家钧,2020.彭家钧:向智能财务转型[J].新理财(1):37-38.

彭向荣,2024.业财融合背景下企业财务人员的角色转型与能力提升[J].知识经济(19):137-139.

齐建民,2013.基于DEMATEL的石油企业战略成本动因分析[J].财会月刊(4):67-70.

齐建民,李永鹤,2019.油藏经营价值管理模式构建[J].会计之友(15):23-26.

乔冠男,郑飞翔,2024.运用企业文化提升国有企业青年员工向心力[J].现代企业文化(35):7-9.

秦长城,2016.业财融合新思维[J].新理财(8):76-77.

沈怡,2021.S公司业财融合实践的探索[J].财务与会计(3):36-39.

沈泽宏,2023.国际公司低碳转型路径研究及对我国发展建议[J].当代石油石化,31(11):17-22.

史青春,田中禾,2006.基于EVA的价值驱动要素分析[J].开发研究(1):126-129.

宋若涛,2004.价值管理:企业管理新趋势[J].企业活力(9):62-63.

孙彤焱,彭博,2019.红塔集团以业财融合为核心的全面预算管理实践[J].财务与会计(7):23-25.

汤谷良,林长泉,2003.打造VBM框架下的价值型财务管理模式[J].会计研究(12):23-27.

汤谷良,夏怡斐,2018.企业"业财融合"的理论框架与实操要领[J].财务研究(2):3-9.

唐勇军,2007.价值管理研究综述与评价[J].财会通讯(综合版)(5):77-79.

汪平,2000.财务估价论[D].天津:天津财经学院.

王斌,2018.论业财融合[J].财务研究(3):3-9.

王凡林,郭宇航,2023.业财融合对会计信息质量的影响:基于年报文本分析的经验证据[J].财会月刊,44(5):60-68.

王凤青,2024.企业管理中的领导力与领导风格[J].今日财富(1):38-40.

王宏,2024.浅谈新时代背景下的企业文化重构[J].当代电力文化(1):

54-55.

王齐琴,2022.业财融合、关联交易避税行为与企业价值[J].财会通讯(20):88-92.

王清刚,汪帅,乐辉,等,2024.企业共创共享文化的价值创造机理及路径[J].中国软科学(8):154-166.

王瑞,2020.基于业财融合视角的中兴通讯企业价值创造案例研究[D].马鞍山:安徽工业大学.

王伟华,2024.战略预算管理在企业经营决策中的作用与影响分析[J].现代商业(19):75-78.

王亚星,李心合,2020.重构"业财融合"的概念框架[J].会计研究(7):15-22.

王阳阳,2019.浅论战略成本管理在企业中的应用[J].财经界(28):97-98.

卫永刚,郑德鹏,冯玉宝,等,2022.基于油藏经营的高效油气勘探管理模式[J].油气与新能源,34(5):95-99.

吴凡,2024.基于业财融合的民营企业财务管理转型研究[J].活力,42(24):52-54.

吴金梅,陈生寿,2014.略谈如何实现通信行业的业财融合[J].财经界(32):83.

吴晶晶,2018.业财融合下的财务管理问题研究[D].北京:首都经济贸易大学.

吴君民,钱晓莉,2012.企业不同竞争战略下的成本管理设计[J].财会通讯(2):126-128.

伍洋,2019.企业价值管理(VBM)研究[J].商讯(15):81-82.

肖国连,陈曦,张建伟,等,2024.胜利油田围绕油藏经营以战略财务推进高质量发展的实践[J].财务与会计(1):19-23.

谢志华,杨超,许诺,2020.再论业财融合的本质及其实现形式[J].会计研究(7):3-14.

辛勤,2017.业财融合问题在企业财务管理中的分析[J].中国商论(6):109-110.

辛艳林,2024.面向高质量发展的企业文化建设与落地系统构建[J].上海质量(11):55-62.

胥卫平,王丹,2012.现代油藏经营管理系统:研究述评[J].西安石油大学学报(社会科学版),21(2):10-15.

徐嘉,2025.新形势下的国企员工培训工作价值[J].中国电子商情(2):81-83.

徐淑珍,2019.浅谈油公司建设创新型企业的意义及发展战略[J].环渤海经济瞭望(12):63.

徐先梅,凌子曦,员聪杰,等,2023.业财融合能改善企业成本粘性吗?[J].中央财经大学学报(8):59-72.

闫华红,张莹莹,2017.业财融合信息化平台的构建与管控[J].财务与会计(14):61-62.

杨国超,胡艺泽,2023.生产制造背景CEO与企业成本管理决策:基于制造业上市公司的经验证据[J].会计研究(7):132-145.

杨了,2021.推进业财融合　提升财务工作价值[J].财务与会计(8):77-78.

杨淑娥,苏坤,2009.终极控制、自由现金流约束与公司绩效:基于我国民营上市公司的经验证据[J].会计研究(4):78-86.

杨有红,2021.质量效益型增长方式、企业创新与财务管理转型[J].北京工商大学学报(社会科学版),36(6):53-63.

杨忠海,2018.业财融合充分发挥管理会计在企业价值链中的增值作用[J].中国总会计师(12):68-69.

姚骁蕤,池晨宇,葛欣云,2022.业财融合机制相关研究综述[J].合作经济与科技(13):145-147.

叶李雯,2022.基于桑克模式下企业战略成本管理研究[D].广州:广东财经大学.

殷起宏,胡懿,2015.VBM框架下价值型财务管理模式中业财融合的分析体系研究[J].商业会计(2):16-20.

余应敏,黄静,李哲,2021.业财融合是否降低审计收费:基于A股上市公司证据[J].审计研究(2):46-55.

余应敏,黄阳,2022."双碳"目标下煤化工企业产业转型中的业财融合问题初探[J].财务与会计(15):74-75.

张斌,林舒仪,2022.CFO行业背景、业财融合与企业创新[J].现代经济探讨(10):105-114.

张传平,王晓村,2014.关于电网企业业财融合实施策略探究[J].华东电力,42(9):1924-1926.

张静,2022.企业在业财融合中存在的问题及应对措施[J].中国产经(12):43-45.

张庆龙,2018.业财融合实现的条件与路径分析[J].中国注册会计师(1):109-112.

张旭,2024.数字时代的成品油行业财务风险管理研究[J].中国总会计师(10):89-91.

张杨,2020.财务共享服务中心模式下的业财融合研究[J].财会学习(9):10-12.

张翼飞,郭永清,2019.实施业财融合助推我国企业高质量发展:基于324家中国企业的调研分析[J].经济体制改革(4):101-108.

张月凤,2024.业财融合视角下财务人员的职能转型与能力构建[J].中国经贸(18):232-233.

赵靖,2025.基于价值链分析的企业成本控制策略研究[J].中国会展(中国会议)(2):174-176.

赵欣然,权烨,2017.华为公司基于价值管理实践下的财务战略转型[J].财务与会计(4):38-40.

周雷,徐德安,2020.基于业财融合的企业财务管理问题与对策[J].山西农经(20):121-122.

周艳平,2021.GT集团财务共享平台下的业财融合存在的问题及改进措施[J].财务与会计(15):79-80.

诸波,李余,2017.基于价值创造的企业管理会计应用体系构建与实施[J].会计研究(6):11-16.

后　记

在复杂多变的国际能源格局中,石油行业及其公司扮演着重要角色。面对石油资源日益紧张、勘探开发难度加大、成本攀升等多重挑战,油公司的可持续发展之路显得尤为艰难。正是基于这样的背景,本书深入探索了油公司如何通过业财深度融合实现价值管理,从而实现资源的高效利用、成本的合理控制以及价值的最大化创造。

回顾全书,从理论思考到模式构建,再到具体实施路径的提出,业务与财务被紧密地结合起来,实现了"价值分析—价值规划—价值创造—价值分配"的全闭环价值管理。在这一过程中,可以洞察业财融合如何成为油公司提升经营效率、优化资源配置、强化风险管控的关键力量。

在探讨业财深度融合的具体实施路径时,本书强调了战略财务、经营财务、管理财务三个维度的深度融合。这一多维度的融合不仅拓宽了业财融合的广度与深度,更为油公司构建了一个全方位、立体化的价值管理体系,助力油公司更加精准地把握市场动态,优化资源配置,提升运营效率,从而实现高质量可持续发展。

展望未来,随着全球能源结构的不断优化和技术的持续进步,油公司的发展将面临更多的挑战与机遇。这需要油公司坚持创新驱动,深化业财融合,强化价值管理,只有这样才能够在保障国家能源安全的同时,实现自身的可持续发展与价值最大化。

　　回顾整个研究过程,笔者深刻认识到在油公司价值管理与业财融合这一前沿课题上仍有诸多未知与挑战等待探索。本研究虽已尽力而为,但仍有诸多提升空间,部分分析可能尚显粗浅,期待更多学者和专家能够在此基础上不断完善与深化。